95°
90°
85°
80°
75°
70°
65°
LAKE SUPERIOR
LAKE MICHIGAN
LAKE HURON
LAKE ONTARIO
LAKE ERIE
BUFFALO
WASHINGTON D.C.
ATLANTIC OCEAN
ELEVATION TINTS
FEET
12,000
9,000
5,000
2,000
1,000
500
0
SHADED RELIEF
Richard Edes Harrison, 1969
Albers Equal Area Projection
SCALE 1:7,500,000

YELLOWSTONE
SALT LAKE CITY

YELLOWSTONE

ZWERCHFELL PRÄSENTIERT:

YELLOWSTONE

SPRECKELS | SCHEFFEL-RUNTE

DAVID SIDNEY TULA SCHEFFEL-RUNTE (ARTWORK)
UND PHILIPP SPRECKELS (STORY & TEXT)

Philipp Spreckels & Dave Scheffel-Runte: YELLOWSTONE

erscheint bei Zwerchfell GbR Dinter & Tauber, Silberburgstr. 145A, 70176 Stuttgart • Redaktion: Christopher Tauber
Buchgestaltung: Dave Scheffel-Runte & Stefan Dinter

ISBN 978-3-943547-53-5

www.yellowstone-comic.com
www.zwerchfell.de

YELLOWSTONE

2032.

Nachdem ein Teil des Yellowstone-Supervulkans ausbricht, deportiert die Regierung der USA nahezu alle Einwohner des Mittleren Westens an die West- und Ostküste.

Um den wirtschaftlichen Ruin zu verhindern, werden die evakuierten Staaten an Konzerne verpachtet. Man nennt dieses Gebiet DIE ZONE.

Einige Bewohner weigern sich jedoch, ihre HEIMAT zu verlassen. Es kommt zu Sabotageakten, Toten und Verletzten.

2035.

Der plötzliche Ausbruch eines weiteren, eigentlich schlafenden, Vulkans begräbt die Millionenstadt SALT LAKE CITY unter heißer Asche. Der bewaffnete Widerstand in der Zone bricht zusammen.

2042.

Heute. Die erste freie WAHL seit dem Ausbruch von Yellowstone steht kurz bevor.

Ihr Ausgang wird über das Schicksal der USA entscheiden.

KAPITEL EINS

OSTKÜSTE, WASHINGTON D.C.
9. SEPTEMBER 2042
WIR ALLE HABEN ETWAS VOR 10 JAHREN VERLOREN. UNSER ZUHAUSE, UNSERE NACHBARSCHAFT… UNSERE HEIMAT!
ABER NICHT UNSEREN STOLZ UND NICHT UNSEREN VERSTAND!
DIE UNTERNEHMEN IN DER ZONE VERDIENEN TÄGLICH MILLIONEN, INDEM SIE MIT DROHNEN UNSER LAND BESTELLEN.
ABER STATT UNS AM PROFIT ZU BETEILIGEN, SOLLEN WIR NUN ENDGÜLTIG ENTEIGNET WERDEN, AUF DASS WIR NIEMALS ZURÜCKKEHREN.
AND-KANDIDAT WILLIAM HILL + + +HOMELAND-KANDIDAT W
LASST DAS DEN PRÄSIDENTEN UND SEINE FREUNDE IN YELLOWSTONE IN ALLER DEUTLICH-KEIT HÖREN:
WIR WERDEN UNSERE HEIMAT NICHT VERKAUFEN!
AND-KANDIDAT WILLIAM HILL + + +HOME
WIR WOLLEN EUER MITLEID NICHT! WIR …
ZAP!
KLICK
JA, JA SCHON KLAR. UND ICH WILL NOCH EIN BIER!

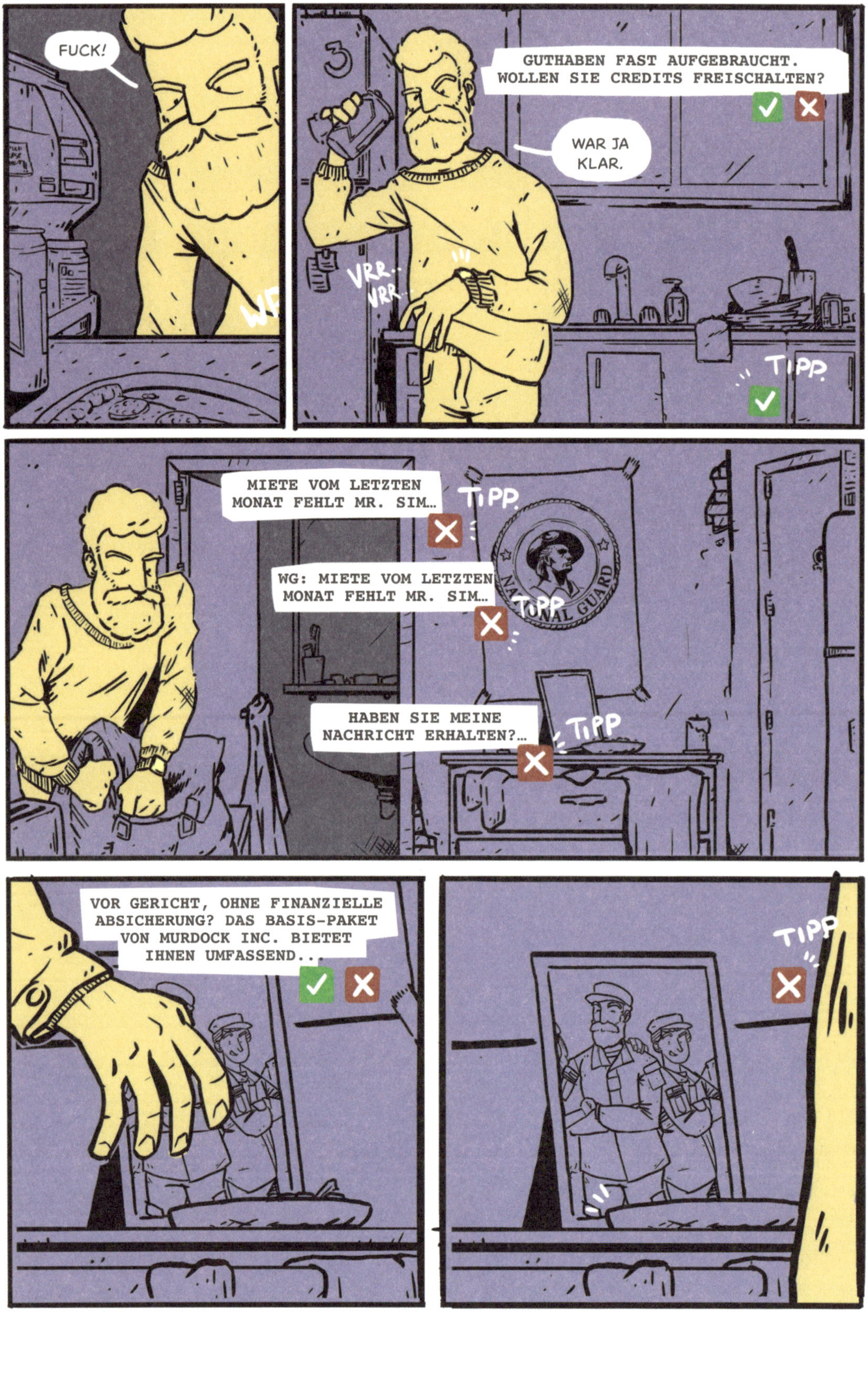
FUCK!
WF
GUTHABEN FAST AUFGEBRAUCHT. WOLLEN SIE CREDITS FREISCHALTEN?
WAR JA KLAR.
VRR.. VRR..
TIPP.
MIETE VOM LETZTEN MONAT FEHLT MR. SIM..
TIPP.
WG: MIETE VOM LETZTEN MONAT FEHLT MR. SIM..
TIPP
NATIONAL GUARD
HABEN SIE MEINE NACHRICHT ERHALTEN?..
TIPP
VOR GERICHT, OHNE FINANZIELLE ABSICHERUNG? DAS BASIS-PAKET VON MURDOCK INC. BIETET IHNEN UMFASSEND...
TIPP

WAR JA KLAR.
FREIHEIT FÜR UTAH!
UNSER BLUT, UNSERE HEIMAT!
GOTT IST AUF UNSERER SEITE.
KEIN HEARTLAND, KEIN AMERIKA.
JAPP, SORRY.
SCHEISS BONZEN.
HEARTLAND IST AMERIKA.
KEIN ♥-LAND KEIN AMERIK
VIELEN DANK, FÜR NICHTS. DUMME PUNKS.
GR..
HAB ICH 'NEN BÄRENHUNGER!
GRUMMEL & GRUMMEL
HEY NOAH, LANG NICHT MEHR GESEHEN!
WAS DARF ES HEUTE FÜR DICH SEIN?
DOGTALES
HEY TONY. EINMAL WIE IMMER DREI DOGTAILS, MIT ORDENTLICH FLEISCH UND SOSSE BITTE. DANKE.

* AMERICAN RESISTANCE ARMY

SCHON KLAR. STECK DEN KOPF NUR IN DEN SAND, DU SCHISSER!
UND DU, DU KANNST MICH ECHT MAL AM...
BONK
UFF...
SAG MAL, HAST DU KEINE AUGEN IM KOPF?
HEY SIR, STEHENBLEIBEN. HALT.
WAS ZUM HENKER?
DAS WAR MEIN LIEBLINGSTOASTER...
MAL SEHEN, WAS DIE BULLEN DAZU SAGEN. ...
JA, SIEH NUR ZU, DASS DU LAND GEWINNST! SPINNER.

GURR
GURR
MAMPF
SCHMATZ
KLINGELING
HEY LENNY,
BIST DU ZUHAUSE?
KRÜMMEL
KRÜMMEL
RUFUS
...
HROUFF?
KAU
KAU
BZZ...
GRZZZ...
ZZZ...
GUTER JUNGE! NA,
HAT DIE BLECHLADY DICH
AUCH GUT BEHANDELT?
JAA... BRAAAV!
HECH
HECH
ZZZ...
BZZZ...
RZZZ...
NATÜRLICH
HAB' ICH DAS.

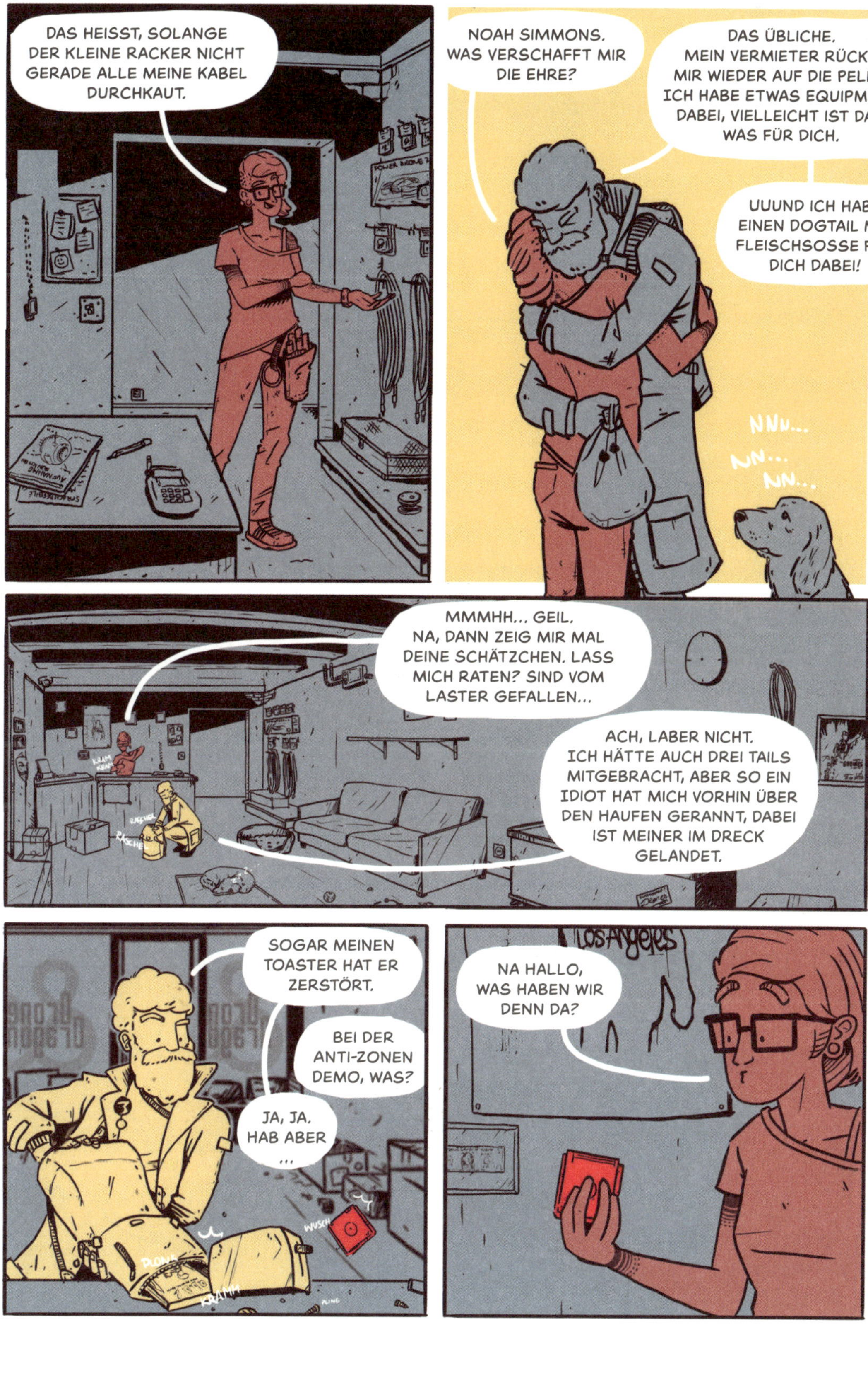
DAS HEISST, SOLANGE DER KLEINE RACKER NICHT GERADE ALLE MEINE KABEL DURCHKAUT.
NOAH SIMMONS. WAS VERSCHAFFT MIR DIE EHRE?
DAS ÜBLICHE. MEIN VERMIETER RÜCKT MIR WIEDER AUF DIE PELLE. ICH HABE ETWAS EQUIPMENT DABEI, VIELLEICHT IST DAS WAS FÜR DICH.
UUUND ICH HABE EINEN DOGTAIL MIT FLEISCHSOSSE FÜR DICH DABEI!
NNN...
NN...
NN...
MMMMH... GEIL. NA, DANN ZEIG MIR MAL DEINE SCHÄTZCHEN. LASS MICH RATEN? SIND VOM LASTER GEFALLEN...
ACH, LABER NICHT. ICH HÄTTE AUCH DREI TAILS MITGEBRACHT, ABER SO EIN IDIOT HAT MICH VORHIN ÜBER DEN HAUFEN GERANNT, DABEI IST MEINER IM DRECK GELANDET.
SOGAR MEINEN TOASTER HAT ER ZERSTÖRT.
BEI DER ANTI-ZONEN DEMO, WAS?
JA, JA. HAB ABER ...
WUSCH
KRAMM
NA HALLO, WAS HABEN WIR DENN DA?
LOS ANGELES

WENIG SPÄTER.
MAN NOAH, DAS IST JA WIE WEIHNACHTEN! AUF DIESER DISK KÖNNTE ALLES SEIN: DIE HIRN-HACKS ALLER SENATOREN, DIE IDENTITÄT DES JANUS-ATTENTÄTERS,...
ODER WAS DIE SCHLIPSTRÄGER UNTER DEM DECKMANTEL DES CYBERDOMES PLANEN?
OCH LENNY. NICHT SCHON WIEDER. ALS NÄCHSTES ERZÄHLST DU MIR, DER AUSBRUCH VON SALT LAKE CITY WAR NUR EIN COVER-UP FÜR GEHEIME UFO...
ERFO: EXTRATERRESTRISCHES, REPTILOIDES ...
DU WEISST SCHON, DASS DU EIN ZIEMLICHER KLUGSCHEISSER BIST, ODER LENNY?
UND?
TIPP TIPP TIPP
BRZZ..
ZZZ...
WOW. DIE DISK IST STARK GESCHÜTZT. DA KOMME ICH SO OHNE WEITERES NICHT REIN. SCHEINT IRGENDEINE ART VON BRUTUS II VERSCHLÜSSELUNG ZU SEIN.
BRUTUS WAS?
BRUTUS II VERSCHLÜSSELUNG. DIE KONZERNE VERSCHLÜSSELN MIT DIESER METHODE ALLE WICHTIGEN DATEN, DIE DIE ZONE VERLASSEN.
ANGEBLICH, UM GESCHÄFTSGEHEIMNISSE ZU BEWAHREN. ICH KANN GERADE MAL NUR EINEN KLEINEN TEIL DER DATEN AUSLESEN.
KOPIEREN KÖNNEN WIR VERGESSEN.
WEISST DU WAS DAS BEDEUTET NOAH?!

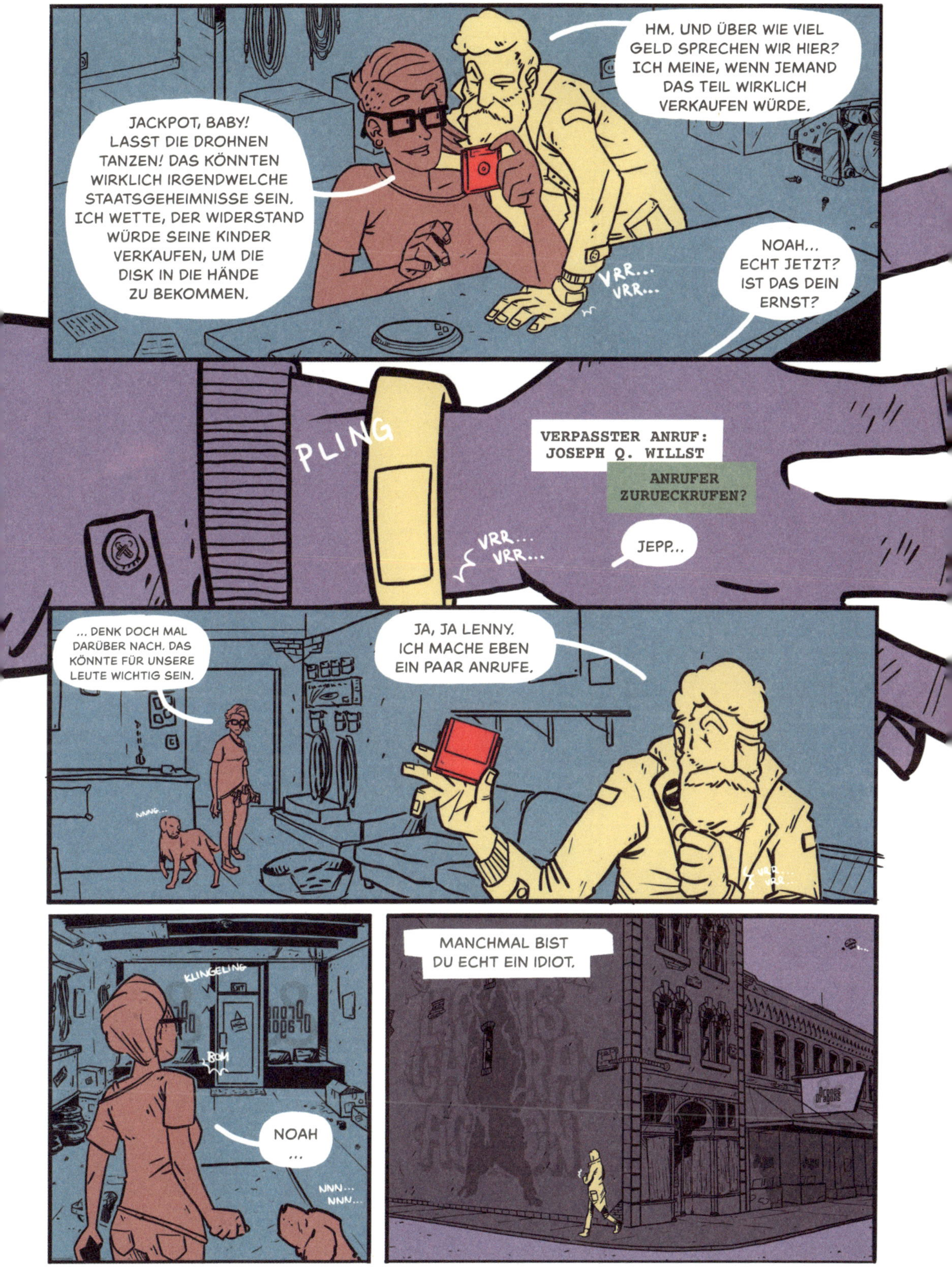

JACKPOT, BABY! LASST DIE DROHNEN TANZEN! DAS KÖNNTEN WIRKLICH IRGENDWELCHE STAATSGEHEIMNISSE SEIN. ICH WETTE, DER WIDERSTAND WÜRDE SEINE KINDER VERKAUFEN, UM DIE DISK IN DIE HÄNDE ZU BEKOMMEN.
HM. UND ÜBER WIE VIEL GELD SPRECHEN WIR HIER? ICH MEINE, WENN JEMAND DAS TEIL WIRKLICH VERKAUFEN WÜRDE.
VRR... VRR...
NOAH... ECHT JETZT? IST DAS DEIN ERNST?
PLING
VERPASSTER ANRUF: JOSEPH Q. WILLST
ANRUFER ZURUECKRUFEN?
VRR... VRR...
JEPP...
... DENK DOCH MAL DARÜBER NACH. DAS KÖNNTE FÜR UNSERE LEUTE WICHTIG SEIN.
JA, JA LENNY. ICH MACHE EBEN EIN PAAR ANRUFE.
KLINGELING
NOAH ...
NNN... NNN...
MANCHMAL BIST DU ECHT EIN IDIOT.

HEY JOSEPH, ICH BIN'S, NOAH!
ICH WOLLTE DICH SOWIESO ANRUFEN...
ACH, DAS MUSS ICH GANZ VERGESSEN HABEN. DAS GELD ÜBERWEISE ICH DIR GLEICH MORGEN FRÜH.
...OK, OK. IST SCHON GUT, DU BEKOMMST DEIN GELD JA.
NAJA, SAGEN WIR MAL SO: ICH HABE EINE GESCHÄFTSIDEE, DIE MEINE GELDSORGEN LÖSEN KÖNNTE.
WO DENKST DU HIN, DU WEISST, DASS ICH DAS NICHT MACHEN WÜRDE ...
STIMMT. ABER DAS WAR EINE EINMALIGE SACHE. DIESMAL IST ES ANDERS. DIESER TYP HAT DAS DING EINFACH AUF DER STRASSE VERLOREN UND IST WEGGELAUFEN. ICH HAB JA NOCH VERSUCHT...
WIE ICH SCHON SAGTE: DAS IST HIER EHER WIE EIN FINDERLOHN. WESWEGEN ICH EIGENTLICH ANRUFE: WENN DAS MIT DER KNETE NUN GEREGELT IST, KÖNNTEN WIR DOCH DIE NÄCHSTEN RECHTLICHEN SCHRITTE EINLEITEN.

SCHON KLAR, ABER UNS STEHT DOCH IMMER NOCH DIE NÄCHSTHÖHERE INSTANZ OFFEN, ODER?
ABER ICH DACHTE IMMER, WENN ICH DAS NÖTIGE GELD BESORGE, DANN KÖNNTEN WIR...
HEY JOSEPH, BIST DU NUN MEIN ANWALT ODER NICHT?
DIE VERTUSCHUNG UND DER GANZE SCHEISS. DIE SOLLEN DER DRECKIGEN WAHRHEIT ENDLICH INS GESICHT GUCKEN!
WOO
NEIN.
WOO
JA...
WOO
OK. DU HAST WAHRSCHEINLICH RECHT. RUF MICH EINFACH AN, WENN DU NE STRATEGIE GEFUNDEN HAST.
PITSCH
KLICK
SCHEISSE.
WOO
WOO
WOO
WOO
WOO
Drones Dragons
PLATSCH
WOO
WOO
WOO
PITSCH

WAS...
ZUM...
TEUFEL IST HIER LOS?
SPLITSCH
ZOOM ZOOM
PLITSCH
LEUTE MACHT PLATZ. WIR MÜSSEN HIER ARBEITEN.
WIIIU
WIIIU
PLATSCH
WIUU

FLAP
FLAP
WIIUUU
WIIUUU
BITTE GEHEN SIE WEITER. HIER GIBT ES NICHTS ZU SEHEN!
ZOOM
ZOOM
WIUU
WIUU
WIIUU
Drones & Dragons
SIE HABEN DAS RECHT ZU SCHWEIGEN. ALLES WAS SIE…
WIUU
PITSCH
ICH HAB' EUCH DOCH GESAGT, ICH WEISS NICHTS VON IRGENDEINER DISK. ICH BIN LADENBESITZERIN UND KEINE PLATTENSAMMLERIN.
SPLATT
PLITSCH
SPLATSCH
WIUU
ARR…
ARR…
PLITSCH
PLATSCH
WIIIU

SELBST WENN ICH ES WÜSSTE, DANN WÜRDE ICH MICH VERDAMMT NOCH MAL AUS DEM STAUB MACHEN!
LENNY...
DU DUMME ...
MISTER...
HEY MISTER, KANN ICH SIE MAL SPRECHEN?
SIE DA, IM GRÜNEN MANTEL.
ICH SAGTE HERKOMMEN! ...
10-58, ICH WIEDEHOLE: 10-58!
MÄNNLICHER SCHWARZER, EINS ACHZIG, GRÜNER MANTEL. ...
VERDAMMT...

WIR HABEN EINEN 10-58, VERDÄCHTIGER FLIEHT ZU FUSS IN SÜDÖSTLICHER RICHTUNG.
TAP
TAP
PLITSCH
TAP
SPLATSCH
TAP
TAP
PLITSCH
...SONST ERÖFFNEN WIR DAS FEUER!
TAP
TAP
PLITSCH
TAP
PLATSCH
TAP
TAP
SPLIT
PLITTSCH

SPLATSCH
PITSCH
PLATSCH
SKRIIII...
TAP
TAP
TAP
TAP
TAP
TAP
TAP
TAP
PLATSCH
PLITSCH
SKRIIETSCH
HEPP
PATSCH
PITSCH
SKRIIIET...

...ICH WIEDERHOLE, SUBJEKT IST AUF DER FLUCHT. SUBJEKT IST AUF DER FLUCHT!

KAPITEL ZWEI

OPERATIONSZENTRUM JOINT TASK FORCE 85, WASHINGTON D.C.
KEIN JOB, KEINE FREUNDE, KEINE AUFFÄLLIGEN BEWEGUNGSDATEN. DIE KOMPLETTE PROGNOSTIK HAT BEI NOAH SIMMONS VERSAGT! WIR WISSEN NUR, DASS DER VERDÄCHTIGE UND DER TOTE ZUR GLEICHEN ZEIT IN D.C. WAREN. ZUM GLÜCK HAT SEINE FREUNDIN DEN STILLEN ALARM NICHT BEMERKT...
WAS ICH VON IHNEN ERWARTE, ...MEINE HERREN, IST, DASS SIE IHRE ARBEIT MACHEN!
IHNEN IST SCHON KLAR, WIE ERNST DIE LAGE IST?
JA, ABER...
WENN DIESER HILL DIE WAHL GEWINNT, WIRD DAS TERRITORIUM AUFGELÖST. DANN KÖNNEN WIR ALLE UNSERE KOFFER PACKEN.
VERSTEHEN SIE? DIESE KRIMINIELLEN HABEN TORSCHLUSSPANIK. DAS IST IHRE LETZTE CHANCE, IHR LAND ZURÜCK ZU BEKOMMEN.
MIT VERLAUB. WAS MACHT DIE DISK SO WICHTIG? WENN WIR WÜSSTEN, WAS DRAUF IST...
WAS DRAUF IST...? VORSICHT, ALTER MANN!
EIN ANRUF BEIM FBI, AGENT COLE UND SIE KÖNNEN IHRE PENSION VERGESSEN.

CYBERDOME: GROSS ANGELEGTES STÖRFELD, DAS NORMALE FUNK- UND MOBIL-VERBINDUNGEN INNERHALB DER ZONE VERHINDERT. UND DARÜBER HINAUS...

BUFFALO IST FÜR DEN HANDEL DER OSTKÜSTE ZENTRAL. IM NORDEN: DER LETZTE GRENZÜBERGANG NACH KANADA.
TRAINS TO NEW YORK
BUFFALO CENTRAL, NY
SKRIIIIETSCH

UND IM WESTEN: DAS TOR ZUM YELLOWSTONE TERRITORIUM.
RESTRICTED AREA UNAUTHORIZED PERSONS KEEP OUT

DER HANDEL MIT GÜTERN AUS DER ZONE HAT DER STADT REICHTUM BESCHERT.

NAJA, NICHT DER GANZEN STADT. IN DER ALTEN CITY HABEN VIELE HEARTLAND-FLÜCHTLINGE UNTERSCHLUPF GEFUNDEN.
BUFFALO
DINER
RING RING
WAU WAU
UND MIT IHNEN DIE, DIE LIEBER NICHT GEFUNDEN WERDEN WOLLEN.
BUFFALO
DINER
KLING KLONG
SCHMUGGLER, HEHLER, TERRORISTEN.
BUFFALO
DINER
EINEN FLAT WHITE BITTE.

HEY BARNES, ZWEI RICHTIG SCHWARZE KAFFEE. ZUM MITNEHMEN, BITTE.
STRESSIGE SCHICHT, ODER WIE?
WENN ES MAL SO WÄR. MAL WIEDER EIN 133. IST WOHL HIER IN BUFFALO GELANDET!
ABER KENNST DAS JA. UNS SAGT KEINER WAS. HAUPTSACHE WIR SCHNAPPEN DEN TYPEN. ICH HABE KEINE LUST AUF ÜBERSTUNDEN.
UNSER ZWEITES STEHT VOR DER TÜR. KANN JEDEN MOMENT SOWEIT SEIN.
DANN VIEL ERFOLG BEIM VERBRECHER JAGEN, KAREEM.
EXIT
DANKE, BARNES.
NA, DAS IST JA NOCH MAL GUT GEGANGEN.
ODER WAS SAGST DU DAZU KUMPEL?
DANKE MANN. HÄTTE NICHT GEDACHT, DASS MIR HIER JEMAND HILFT.
KLAR MANN. WO WENN NICHT HIER IN BUFFALO?
BIST AUF DER FLUCHT, ODER WIE?!
ICH STECKE GANZ SCHÖN TIEF IN DER SCHEISSE.

JETZT MACHEN SIE SCHON DEN MUND AUF!
...
... DIE FEDS SIND MIR SCHON SEIT GERAUMER ZEIT AUF DEN FERSEN.
IHR HEARTLANDER STECKT DOCH ALLE UNTER EINER DECKE! EUCH IST ES EGAL, OB IHR DAS GANZE LAND IN DEN ABGRUND REISST, SOLANGE IHR EURE VERTROCKNETE HEIMAT WIEDER ZU SEHEN BEKOMMT.
IST ES NICHT SO?
YTAF
ICH MEIN JA NUR: CUI BONO? IST DOCH KOMISCH: 2032 YELLOWSTONE UND 35 DANN SALT LAKE CITY ...
SIE UND SIMMONS SIND PERFEKTES MATERIAL FÜR DEN SOGENANNTEN WIDERSTAND: ENTWURZELT, AN DER WAFFE AUSGEBILDET UND LEICHT ZU MANIPULIEREN.
FICK DICH DOCH INS KNIE...

YTAF: YELLOWSTONE TERRITORY ARMED FORCES

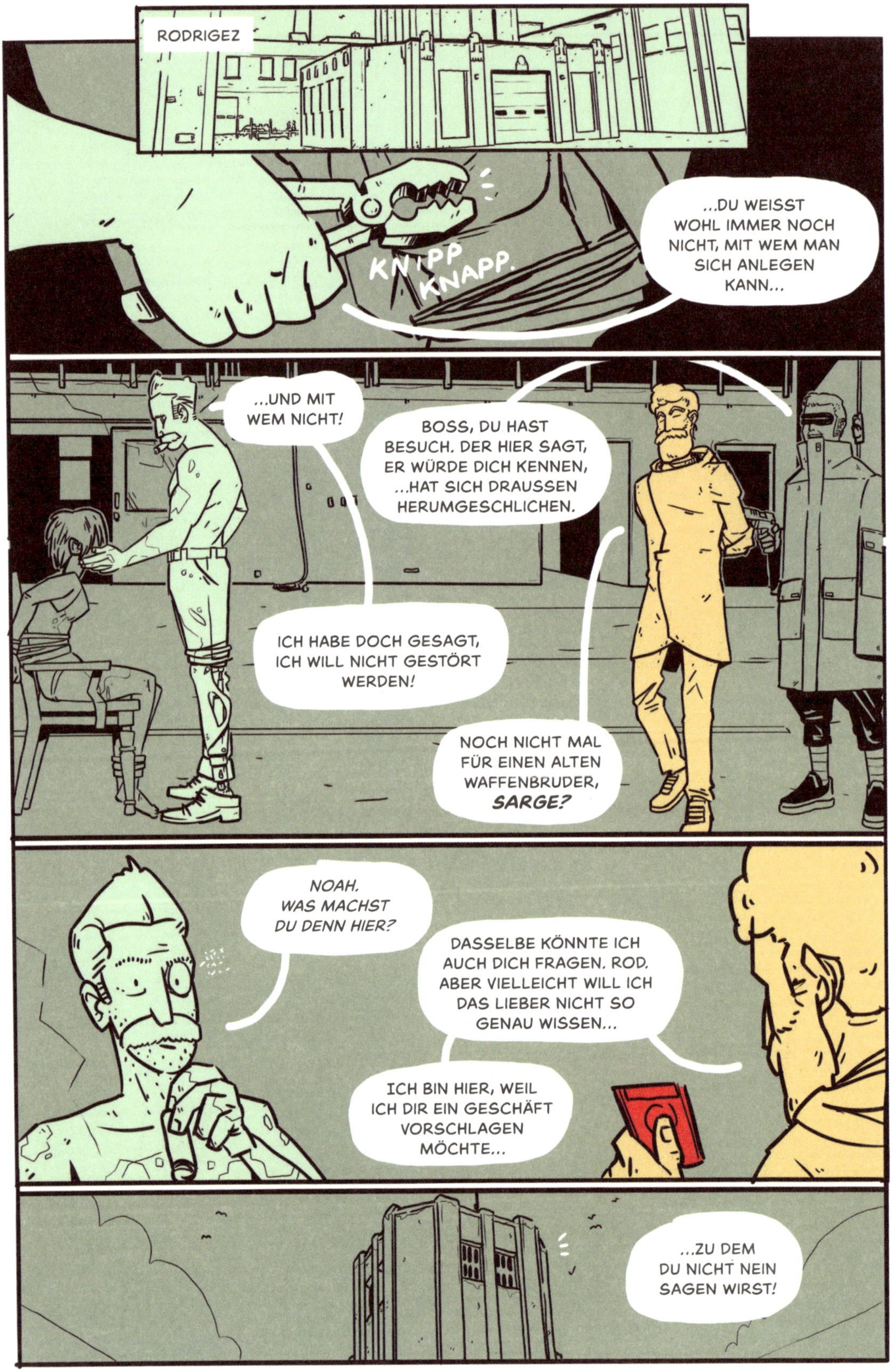
RODRIGEZ
KNIPP KNAPP.
...DU WEISST WOHL IMMER NOCH NICHT, MIT WEM MAN SICH ANLEGEN KANN...
...UND MIT WEM NICHT!
BOSS, DU HAST BESUCH. DER HIER SAGT, ER WÜRDE DICH KENNEN, ...HAT SICH DRAUSSEN HERUMGESCHLICHEN.
ICH HABE DOCH GESAGT, ICH WILL NICHT GESTÖRT WERDEN!
NOCH NICHT MAL FÜR EINEN ALTEN WAFFENBRUDER, SARGE?
NOAH, WAS MACHST DU DENN HIER?
DASSELBE KÖNNTE ICH AUCH DICH FRAGEN, ROD. ABER VIELLEICHT WILL ICH DAS LIEBER NICHT SO GENAU WISSEN...
ICH BIN HIER, WEIL ICH DIR EIN GESCHÄFT VORSCHLAGEN MÖCHTE...
...ZU DEM DU NICHT NEIN SAGEN WIRST!

ETWAS SPÄTER.

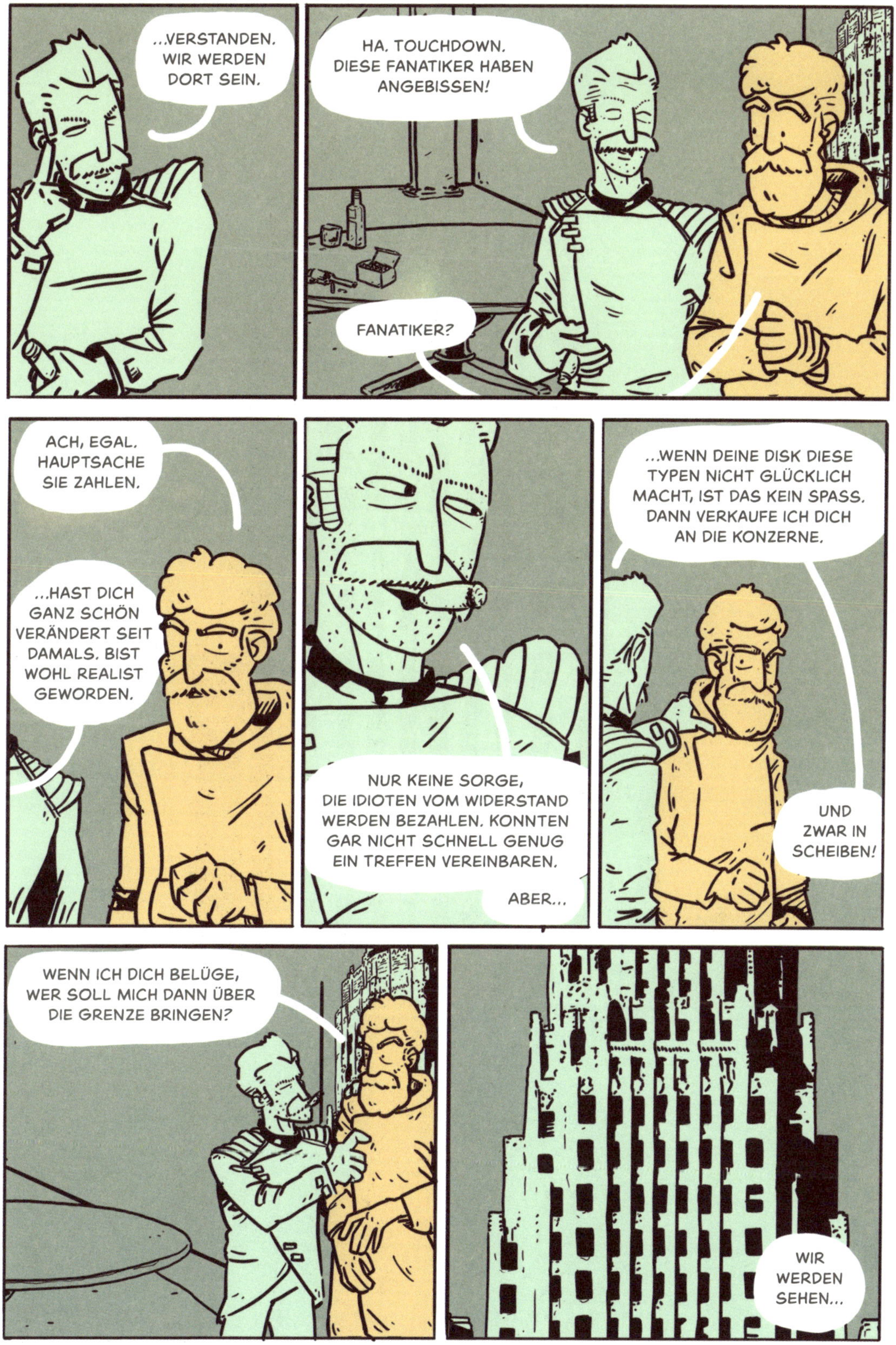

DIE ALTE CITY HALL
SOLLTEN WIR NICHT SCHON LÄNGST DA SEIN?
WUPP WUPP WUPP
MACH DIR NICHT INS HEMD NOAH... UND ÜBERLASS MIR DAS REDEN.
... ICH HOFFE, DIE HABEN DEN FAHR-STUHL IN STAND GEHALTEN...
IMMER NOCH EIN SPASSVOGEL, WAS?

ELIAS!
WUPP WUPP WUPP
WIE ICH SEHE, HAST DU DEKORIERT! ES IST JA SCHON RICHTIG WOHNLICH HIER!
!!!
WITZIG. ICH HOFFE, DIESE RATTE HAT DABEI, WAS ER UNS IN D.C. GESTOHLEN HAT!
GESTOHLEN? PAH! HÄTTE ICH DIESE DISK NICHT GEFUNDEN, WÄRE ICH NICHT IN DIESEM VERKACKTEN DRECKSLOCH.
MEINE HERREN!!! LASST UNS NICHT STREITEN, SONDERN LIEBER PLÄNE FÜR DIE ZUKUNFT MACHEN.
WUPP WUPP WUPP WUPP
NA DANN KOMMEN WIR MAL ZUM GESCHÄFT...
WUPP WUPP WUPP WUPP WUPP
...WAS IST DENN SCHON WIEDER?

YELLOWSTONE TERRITORY ARMED FORCES, AGENT COLE. SIE SIND UMSTELLT! MR. SIMMONS, WIR WISSEN DAS SIE IM BESITZ EINER GEWISSEN DISK SIND...
WUPP WUPP WUPP
YTAF
WUPP WUPP WUPP
KLANG
KLONG
MÄNNER...
CHK CHK
MACHT KEINE...
... IN DECKUNG! LOS!

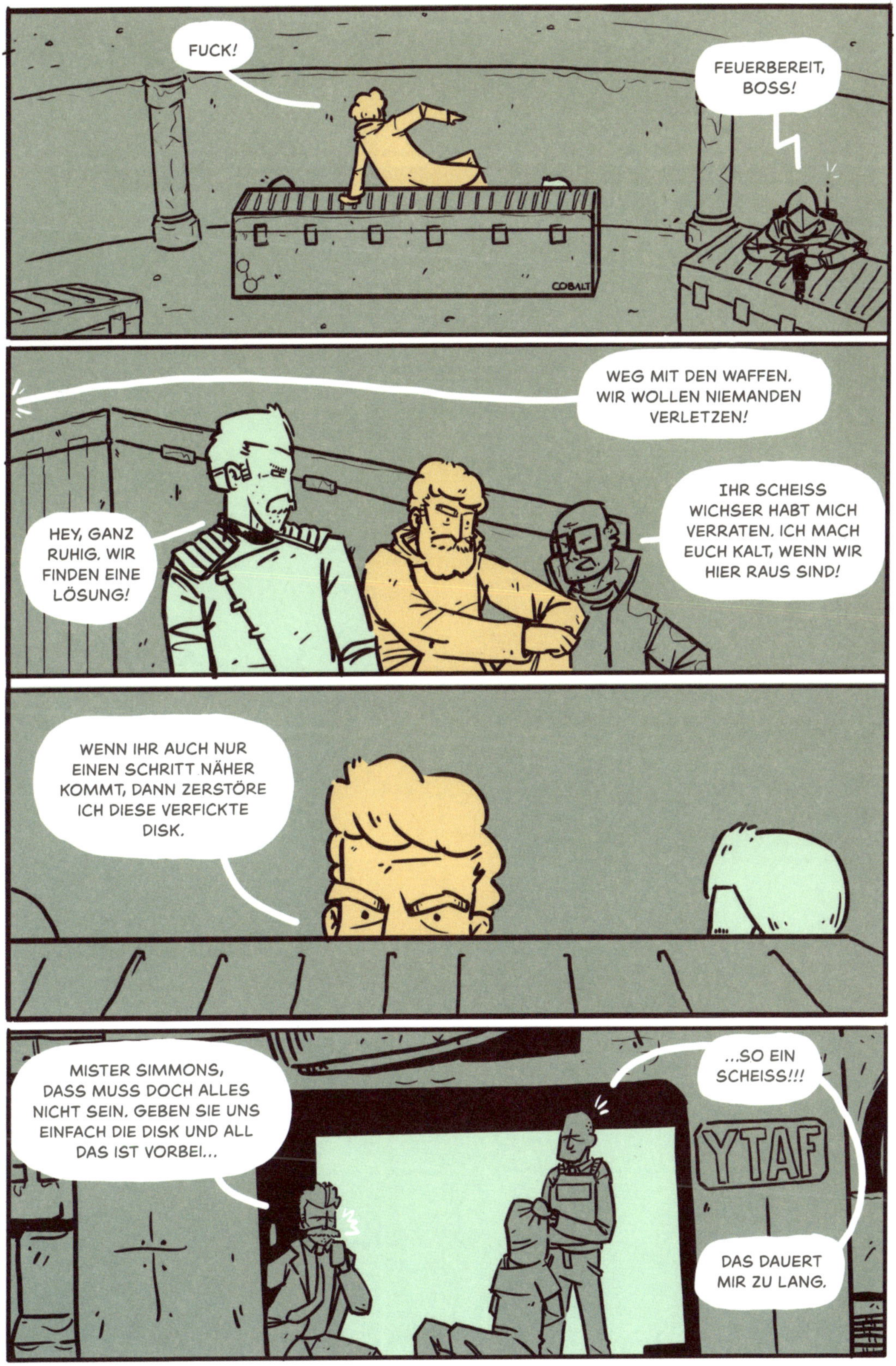
FUCK!
FEUERBEREIT, BOSS!
COBALT
WEG MIT DEN WAFFEN. WIR WOLLEN NIEMANDEN VERLETZEN!
HEY, GANZ RUHIG. WIR FINDEN EINE LÖSUNG!
IHR SCHEISS WICHSER HABT MICH VERRATEN. ICH MACH EUCH KALT, WENN WIR HIER RAUS SIND!
WENN IHR AUCH NUR EINEN SCHRITT NÄHER KOMMT, DANN ZERSTÖRE ICH DIESE VERFICKTE DISK.
MISTER SIMMONS, DASS MUSS DOCH ALLES NICHT SEIN. GEBEN SIE UNS EINFACH DIE DISK UND ALL DAS IST VORBEI...
...SO EIN SCHEISS!!!
YTAF
DAS DAUERT MIR ZU LANG.

LENNY?
NOAH!
...JETZT RÜCK SIE RAUS ODER ICH VERPASSE DEINER KOMPLIZIN NE KUGEL, VERSTANDEN!?
CHRK...
WAS ZUM TEUFEL SOLL DAS CURTIS?
OK, OK... ICH GEBE AUF. DAS IST ES NICHT WERT. ABER WENN IHR LENNY WAS ANTUT, ...
CH!
KLICK
...ICH KOMME ZU EUCH, LASST LENNY GEHEN. SIE HAT MIT ALL DEM NICHTS ZU TUN!
TRÄUM NICHT MAL DAVON, ARSCHLOCH...
ICH NEHME DIE DISK, ODER KEINER KOMMT HIER LEBEND RAUS!
ERLEDIGT DIESE MISTKERLE !!!

BAK
PENG
BOK
HUSCH
RATTA
RATTA
RATTA
PENG
TOK
BOK
RATTA
RATTA
BOK
BOK
ZISCH
PLATSCH
TOK
PFF..
LASS MICH LOS, DU IDIOT!
TAK
BOK
WUSCH
BOK TOK
TOK
BAK
TOK
BAK
SPLATT
PENG
PENG
PENG
BAK
BAK
BZZZ..
PENG!
SPLATT
TOK
BOK
TOK
TOK
BOK
BANG!
BOK
TAK
PENG
PENG
PFFF...
BOK
TAK
BLAM

...
...
DU VERDAMMTES SCHWEIN!
GRAAH!
PENG
PENG
PENG
TOK
TAK
BOK
TAK
TAK
BOK

HNNNGNNN!
TOK
TOK
TOK
TOK
TOK
YTAF
WUPP
WUPP
WUPP
STEHE UNTER DIREKTEM BESCHUSS.
DREHE AB, WIEDERHOLE... DREHE...

BLAM!
WUPP
WUPP
WUPP
WUPP
SPLATSCH
SPRITZ...
FSCH...
TRIP
TRIP
WUPP
WUPP
WUPP
WUPP
WUPP
BAMF
BATSCH

WUPP

WUPP
WUPP
TUUT
TUUT
PIEP
TUUT
FIEP
PIEP
FIEP
STEVE
FUCK.
WIU WIU
FIEP
TUUT
TUUT
D.C ELEC
TURN COORDINATE
VACUUM
FIEP
PUSH
PIEP
SCHEISSE...
TUUT
SCHEISSE...
BAFF
WUPP
BOMM
WUPP
SCHEI...
WUPP
WUPP
WUPP

BOOOM

KAPITEL DREI

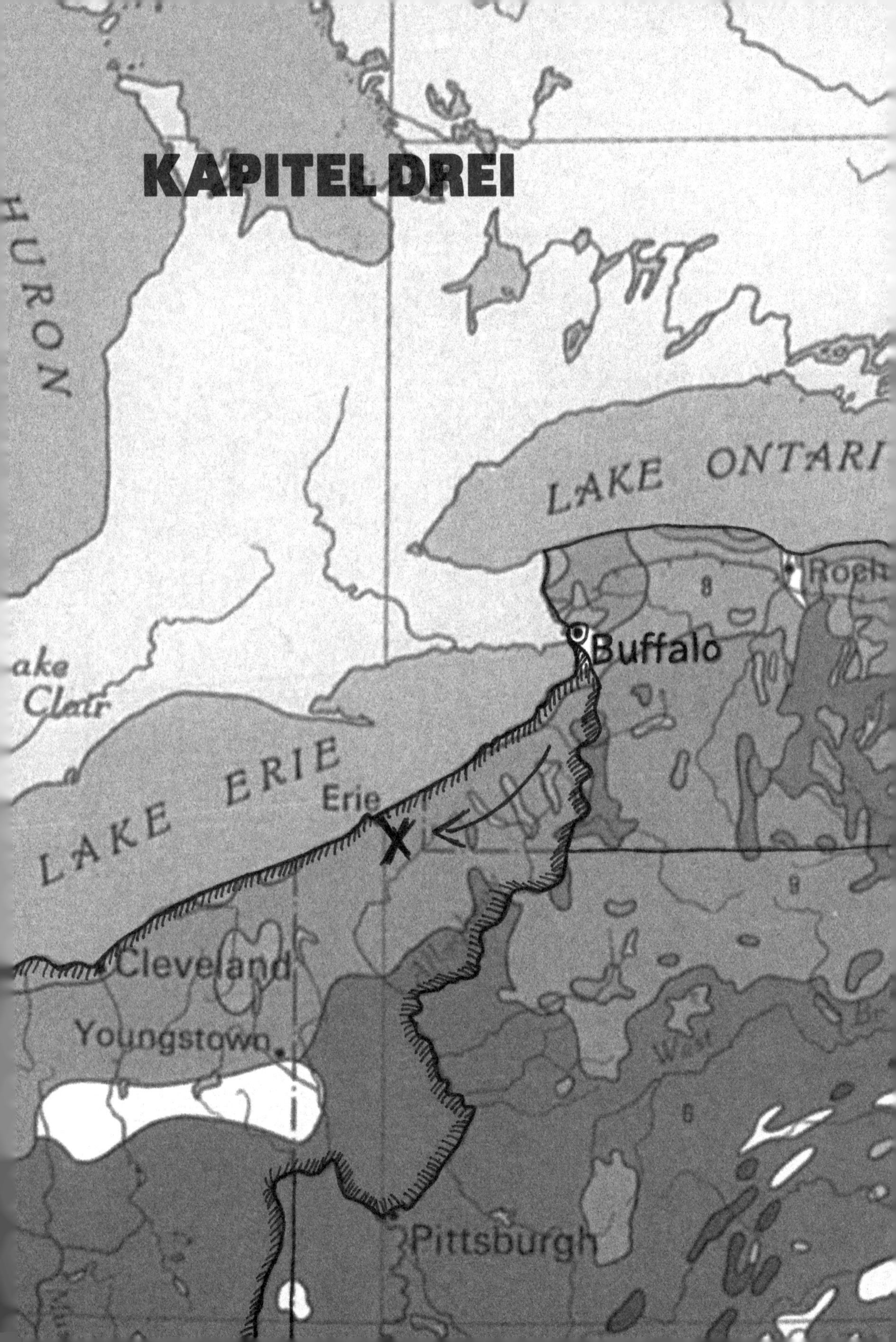

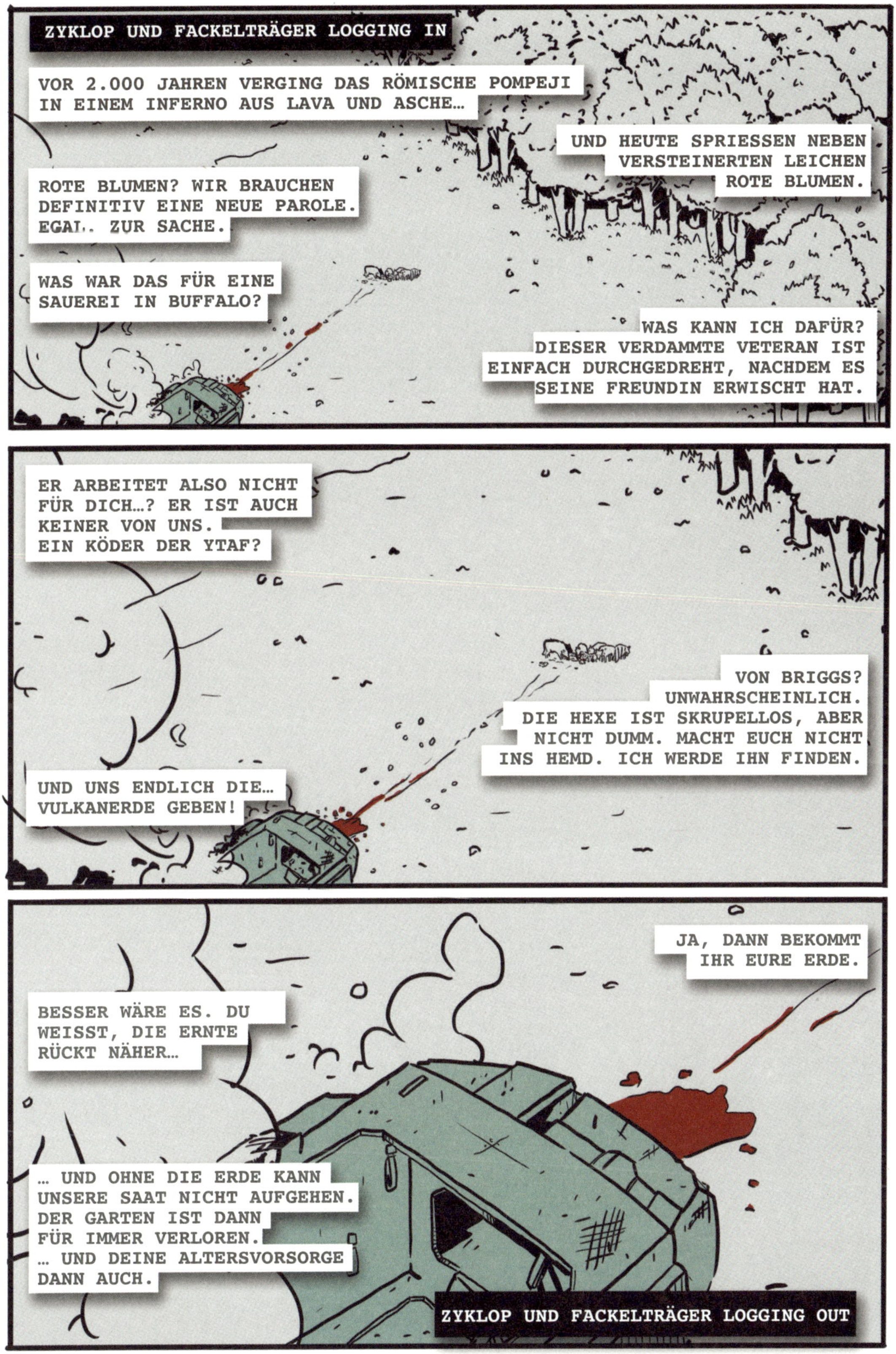
ZYKLOP UND FACKELTRÄGER LOGGING IN
VOR 2.000 JAHREN VERGING DAS RÖMISCHE POMPEJI IN EINEM INFERNO AUS LAVA UND ASCHE…
UND HEUTE SPRIESSEN NEBEN VERSTEINERTEN LEICHEN ROTE BLUMEN.
ROTE BLUMEN? WIR BRAUCHEN DEFINITIV EINE NEUE PAROLE. EGAL. ZUR SACHE.
WAS WAR DAS FÜR EINE SAUEREI IN BUFFALO?
WAS KANN ICH DAFÜR? DIESER VERDAMMTE VETERAN IST EINFACH DURCHGEDREHT, NACHDEM ES SEINE FREUNDIN ERWISCHT HAT.
ER ARBEITET ALSO NICHT FÜR DICH…? ER IST AUCH KEINER VON UNS. EIN KÖDER DER YTAF?
VON BRIGGS? UNWAHRSCHEINLICH. DIE HEXE IST SKRUPELLOS, ABER NICHT DUMM. MACHT EUCH NICHT INS HEMD. ICH WERDE IHN FINDEN.
UND UNS ENDLICH DIE… VULKANERDE GEBEN!
JA, DANN BEKOMMT IHR EURE ERDE.
BESSER WÄRE ES. DU WEISST, DIE ERNTE RÜCKT NÄHER…
… UND OHNE DIE ERDE KANN UNSERE SAAT NICHT AUFGEHEN. DER GARTEN IST DANN FÜR IMMER VERLOREN. … UND DEINE ALTERSVORSORGE DANN AUCH.
ZYKLOP UND FACKELTRÄGER LOGGING OUT

UNSERE ENTSCHEIDUNG ÜBERRASCHT DICH?
DOCH. DOCH. SOLDAT. DIE TRUPPE IST SICH EINIG.
DU BIST DAS PROBLEM.
DU ZERSTÖRST JEDEN IN DEINER NÄHE.
ALLES WAS DU ANFASST ...

... WIRD ZU ASCHE.

NEEEEEEEIIIN!
AH. UNSER GAST KOMMT ENDLICH ZU SICH.
AHH. SCHEISSE. MEIN KOPF! WO BIN ICH? UND WER SEID IHR?
GANZ RUHIG. DU BIST IN DER ZONE, IN SICHERHEIT.
MEIN NAME IST BISHOP. DU WARST IN EINEN CRASH VERWICKELT. VOR ZWEI WOCHEN!
BISHOP
ZWEI WOCHEN! WAS ZUM TEUFEL IST PASSIERT?
LENNY.
ES IST ALLES MEINE SCHULD!
BISHOP
IMMER MIT DER RUHE. HÄTTE DICH MANGO NICHT GE-FUNDEN, WÄRST DU SICHERLICH ERFROREN.
MANGO?!
KOMM, ICH STELLE EUCH VOR

SIE IST NE ZÄHE KLEINE JÄGERIN. HAT ALS KLEINES KIND IN DEN DEPORTATIONEN EINIGES ABBEKOMMEN. ALS ICH SIE FAND, KONNTE SIE KAUM SPRECHEN.
AH, DA IST SIE JA!
BISHOP!
VERSTEHST DU NOAH, DU BIST BEI DEN STÄMMEN GELANDET. WIR SIND DIE, DIE SICH NICHT VERTREIBEN LASSEN. FREIGEISTER, NOMADEN, PARTISANEN. DER STACHEL IM HINTERN DER KONZERNE.
BISHOP
OH, HALLO MANGO!
MANN AUS VOGEL AM SEE!
ÄHM... HALLO
ABER BISHOP, DAS WÜRDE JA HEISSEN...
BISHOP
JA, DAS HEISST ES: SIE HABEN EUCH NACH STRICH UND FADEN BELOGEN. SALT LAKE CITY HAT 2035 VIELE ZWEIFLER VERSTUMMEN LASSEN, ABER WIR LASSEN UNS NICHT AUS UNSERER HEIMAT VERTREIBEN. EGAL, OB NOCHMAL EIN TEIL VON YELLOWSTONE AUSBRICHT, WIR SIND HIER GEBOREN UND HIER BLEIBEN WIR! KOSTE ES, WAS ES WOLLE.
LÜGNER, SEHR BÖSE!
UND JETZT LASSEN SIE EUCH IN RUHE?
DU MEINST, OB WIR UNS WEHREN KÖNNEN?

WIR SIND IMMER AUF DER HUT. IMMER EINEN SCHRITT VORRAUS! WAS ABER NOCH VIEL WICHTIGER IST: ...
LOS, FRISCHLING! VORWÄRTS.
HEY, HEY... IMMER SCHÖN GESCHMEIDIG OMA!
WIR WÄHLEN SEHR GENAU AUS, WER IN UNSEREN KREIS AUFGENOMMEN WIRD. SEHR GENAU...
WIE IST ES MIT DIR? MUSS ICH MIR SORGEN MACHEN, DASS DU DIE WÖLFE IN UNSER LAGER FÜHRST?
ICH...

ICH BIN ALLEIN. IN BUFFALO IST ALLES GESTORBEN, WAS VON MEINEM ALTEN LEBEN NOCH ÜBRIG WAR...
HEY!
BÖSER FLUCH. DU MUSST GEISTER WEGMACHEN!
WIRKLICH ALLES, NOAH?
...
ALLES.
FSCH...

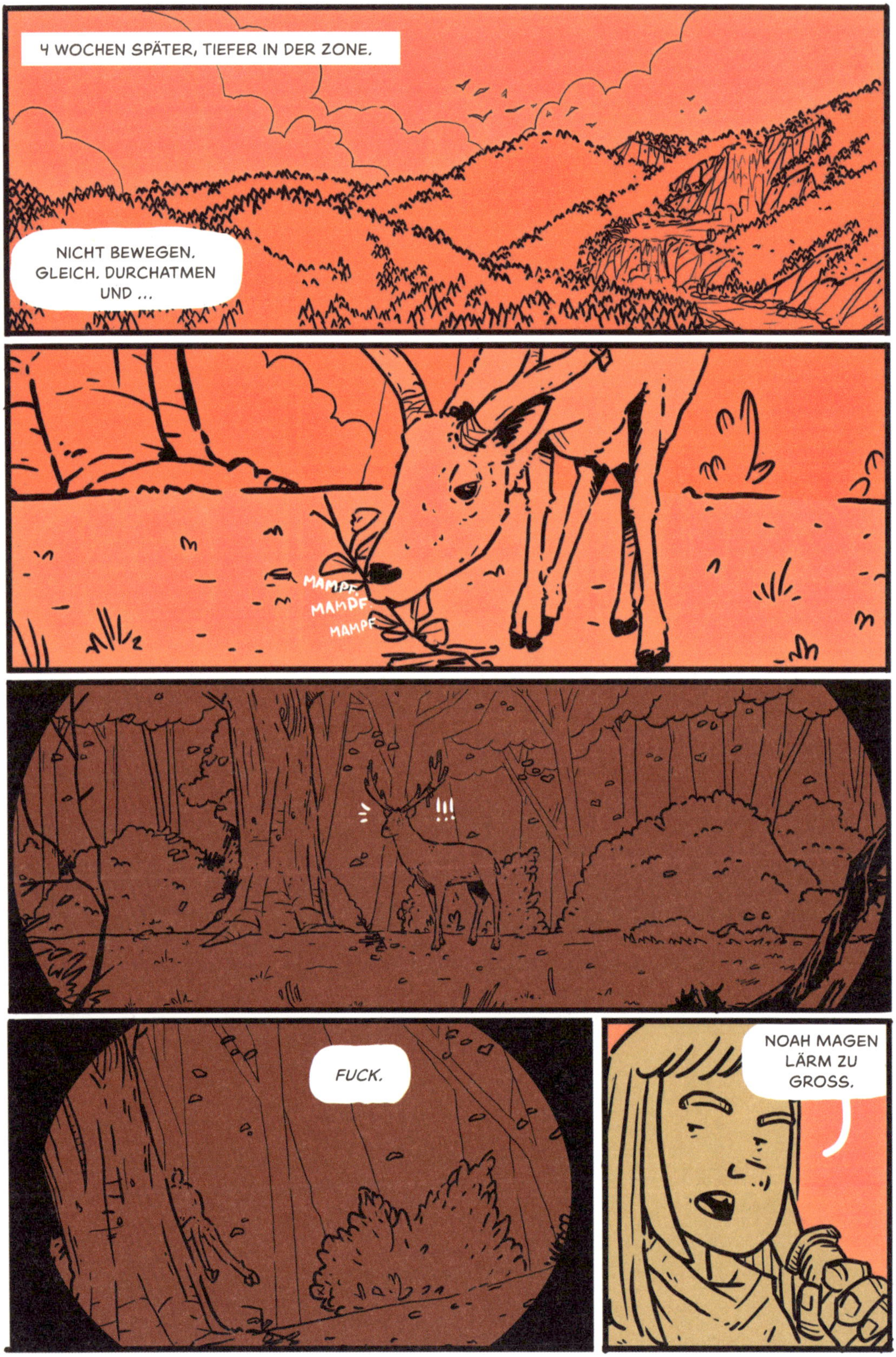
4 WOCHEN SPÄTER, TIEFER IN DER ZONE.
NICHT BEWEGEN. GLEICH. DURCHATMEN UND ...
MAMPF.
MAMPF.
MAMPF
!!!
FUCK.
NOAH MAGEN LÄRM ZU GROSS.

HEY, MEIN MAGEN HAT NICHT GEKNURRT, DAS MUSS …
DU REDEN. JETZT ESSEN WEG! BISHOP RECHT. DU AUCH NACH VIEL REISEN MIT UNS NOCH NICHT BEREIT.
NATÜRLICH BIN ICH BEREIT! ICH HABE SCHON MIT DER NATIONAL GUARD IN DER WÜSTE ÜBERLEBT, DA WUSSTEST DU NOCH GAR NICHT, WIE MAN JAGEN BUCHSTABIERT.
BU-SCHTA-BIER?
ÄH, ALSO DAS IST, ALS OB … ALSO WENN DU …
!!!
WRAAAAR!
DAS KLANG WIE EIN …
BÄR!

OH MANN. DEN HAT ES ECHT ERWISCHT! SIEHT ÜBEL AUS.
SCHUSSWUNDEN. WAR NICHT STÄMME.
KRZZ KRZZ
KRZZ
KRZZ
WAS ZUM ...?
KLICK
... KOMMEN! KOMMEN DELTA 7!
OH, OH. DAS IST NICHT GUT.
PSCHHHHHT! GERÄUSCH! DA DRÜBEN.
WUPP
WUPP

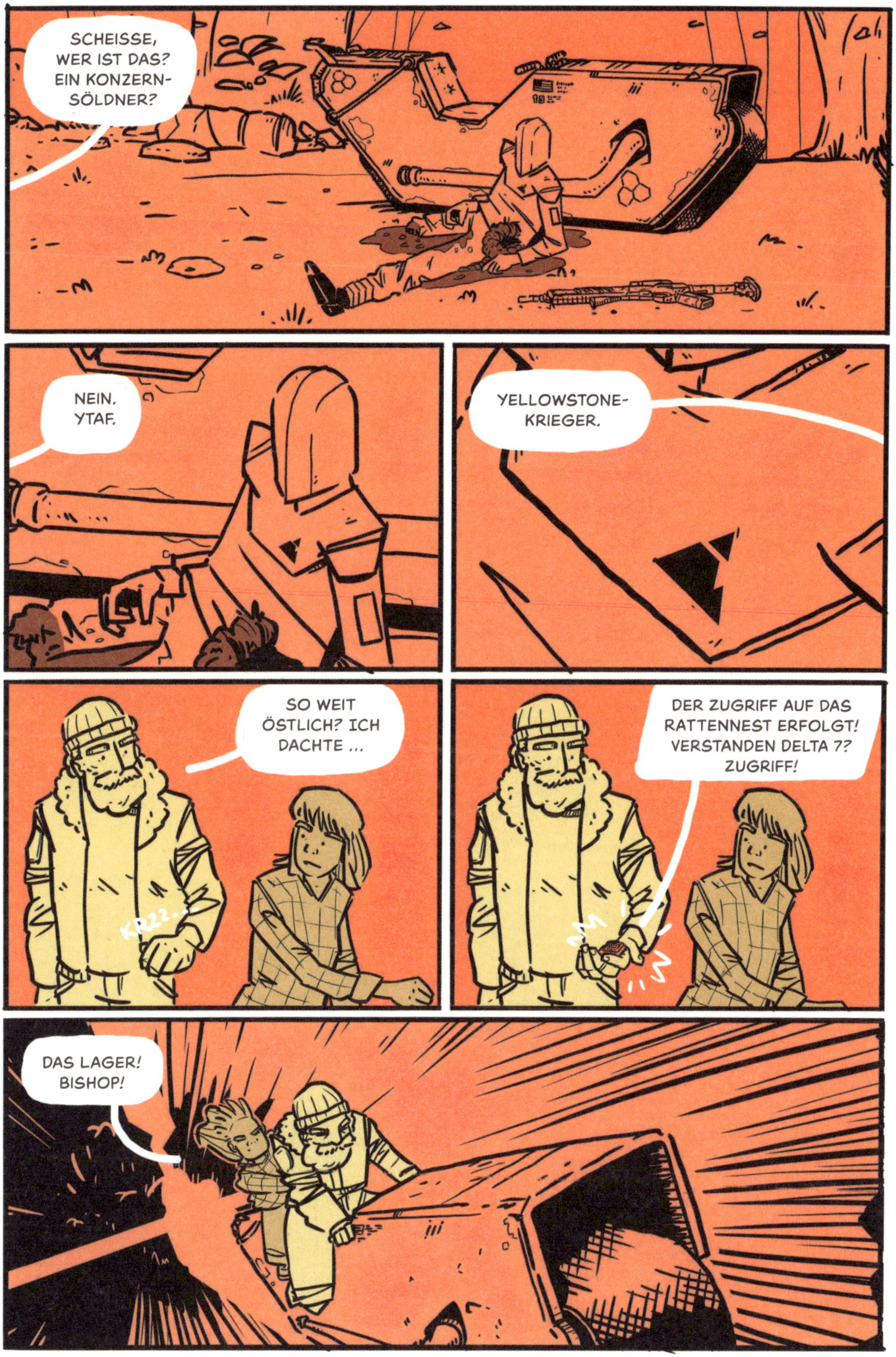
SCHEISSE, WER IST DAS? EIN KONZERN-SÖLDNER?
NEIN. YTAF.
YELLOWSTONE-KRIEGER.
SO WEIT ÖSTLICH? ICH DACHTE ...
KRZZ...
DER ZUGRIFF AUF DAS RATTENNEST ERFOLGT! VERSTANDEN DELTA 7? ZUGRIFF!
DAS LAGER! BISHOP!

VRRIIUUUUMMM
PFFFF...
TOKKA TOKKA TOKKA
OH MEIN GOTT!
DA SEID IHR JA ENDLICH.
IHR HABT DEN GANZEN SPASS VERPASST.
HAHAHA
MAMA
AHHH. SACHTE, SACHTE. ICH FREU MICH DOCH AUCH, DICH ZU SEHEN.
** HUST HUST **

* YELLOWSTONE TERRITORY ARMED FORCES.

LENNY ...
ABER WIE HAST DU DIR DAS VORGESTELLT? UM DIE KONZERNE ZU ERPRESSEN, BRÄUCHTE ICH EIN DRUCK-MITTEL WIE DIE DISK.
UND DIE IST WEG.
UND WIR WUSSTEN NICHT MAL WAS DRAUF WAR!
KRAM
BISHOP
NUN JA.
BISHOP
WENIG SPÄTER
DU HAST WAS?
DADDEL
DADDEL
DADDEL
ICH HABE DIE DISK GEBORGEN, WEIL ICH DIE PROJEKTNUMMER ERKANNT HABE UND SCHAUEN WOLLTE, OB ICH DIE VERSCHLÜSSELUNG KNACKEN KANN ...

UND JETZT KOMMT'S: KURZ BEVOR MEIN COMPUTER ABGESTÜRZT IST, HABE ICH GEOLOGISCHE PLÄNE ENTDECKT, DIE NUR EINS BEDEUTEN KÖNNEN...
DIE KONZERNE WUSSTEN VON SALT LAKE CITY. UND ZWAR MONATE VOR DEM AUSBRUCH.
ABER ..?
ICH HABE DIE VERBRANNTEN LEICHEN IM TV GESEHEN.
WARUM?
DAS IST DIE FRAGE. WIE KONNTEN SIE VON DEM AUSBRUCH WISSEN? UND WARUM HABEN SIE NICHTS GETAN?
ABER WOHER?
NAJA ICH WAR NICHT IMMER ROCKER-SCHAMANE. ICH HABE ALS GEOLOGE IN EINER VULKANO-LOGISCHEN FORSCHUNGSSTATION VON YELLOWSTONE GEARBEITET.
BEVOR DIESE VON DEN KONZERNEN ÜBERNOMMEN WURDE.
UND GENAU DORT MUSST DU HIN. NACH D.C. KOMMST DU NICHT MEHR UND DEN WIDERSTAND KÖNNEN WIR WEGEN DES CYBERDOMES NICHT KONTAKTIEREN.
DU MUSST ZU DEN LABOREN. NUR DORT KANNST DU DIE DISK ENTSCHLÜSSELN, DENN DORT WURDE SIE GEFERTIGT.
STELL DIR MAL VOR NOAH, WENN DAS NOCH VOR DER WAHL RAUS KOMMT! ... DAS KÖNNTE ALLES VERÄNDERN.

AM NÄCHSTEN MORGEN

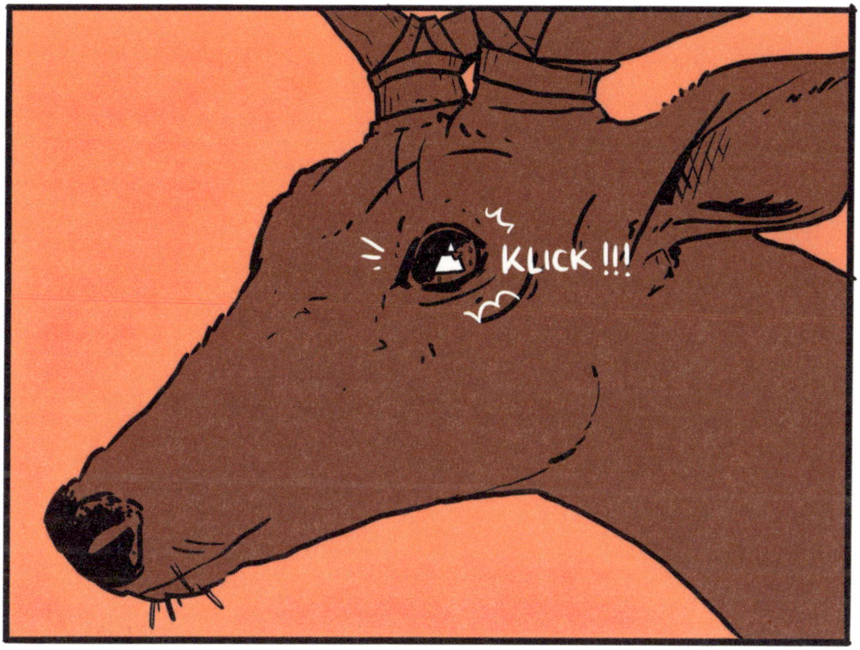
KLICK !!!

KAPITEL VIER

WÄHRENDDESSSEN IM MILITÄRKRANKENHAUS, WASHINGTON D.C.
MENSCH CURTIS, ICH HOFFE DU WACHST BALD WIEDER AUF. DIE WAHL RÜCKT NÄHER. ES GIBT VIEL ZU TUN FÜR DIE DA OBEN.
ÄHEMM
HADERN WIR HEUTE ETWAS MIT UNSEREN ENTSCHEIDUNGEN, AGENT COLE?
UM SIE DARAN ZU ERINNERN: ES WAR DAMALS IHRE WAHL, BEI DIESER STERBENDEN BEHÖRDE ZU BLEIBEN.
HA! ICH FINDE DAS FBI UND ICH PASSEN GANZ GUT ZUSAMMEN. WIR WERDEN OFT UNTERSCHÄTZT ...
APROPOS: MEIN PARTNER HIER MURMELTE WAS VON PROJEKT SNOW WHITE. ...NIA, DU ALS LEITERIN UNSERER TASK FORCE WEISST NICHT ZUFÄLLIG...
VORSICHT COLE, SIE SPIELEN MIT DEM FEUER!

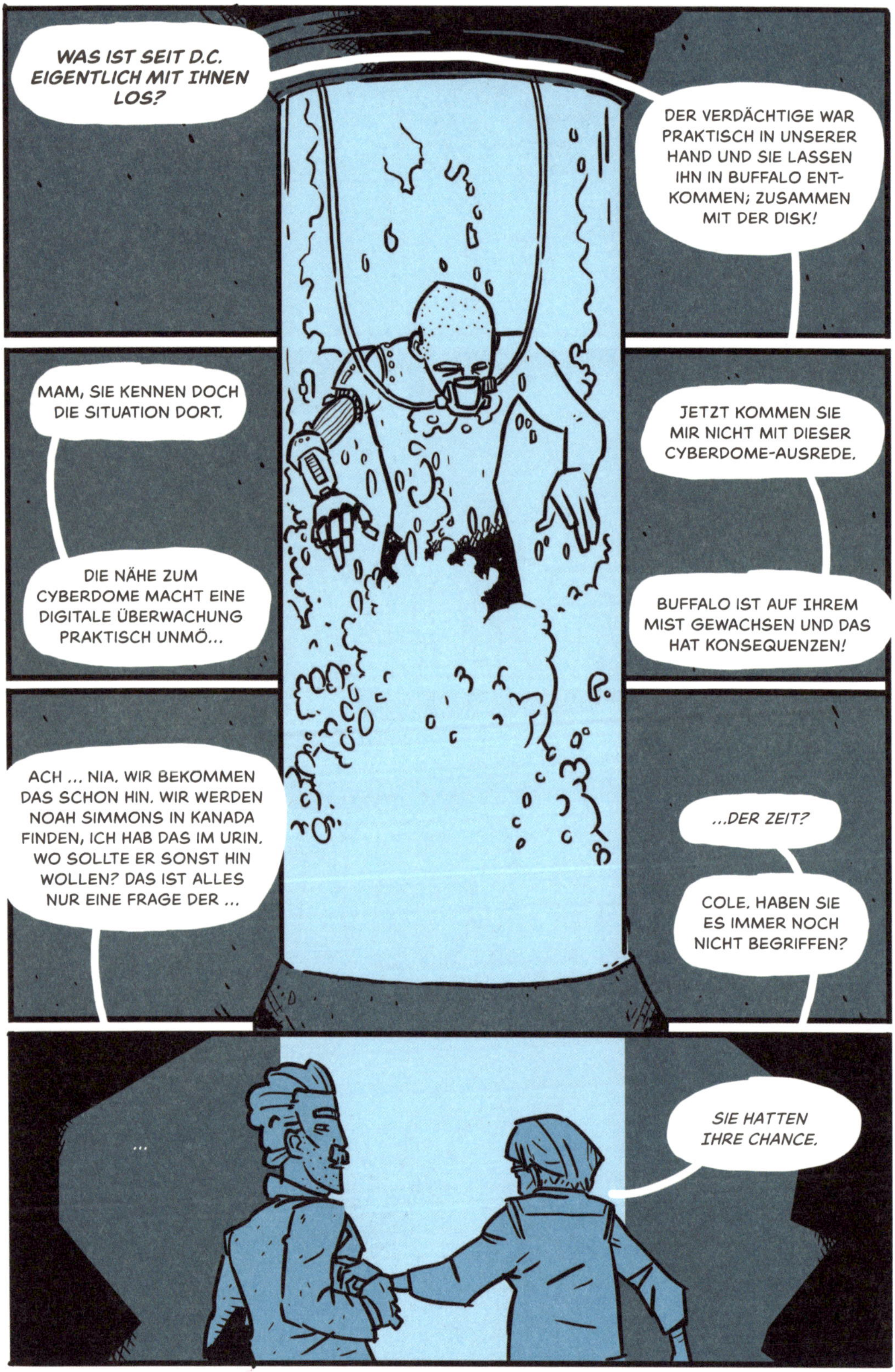
WAS IST SEIT D.C. EIGENTLICH MIT IHNEN LOS?
DER VERDÄCHTIGE WAR PRAKTISCH IN UNSERER HAND UND SIE LASSEN IHN IN BUFFALO ENT-KOMMEN; ZUSAMMEN MIT DER DISK!
MAM, SIE KENNEN DOCH DIE SITUATION DORT.
DIE NÄHE ZUM CYBERDOME MACHT EINE DIGITALE ÜBERWACHUNG PRAKTISCH UNMÖ...
JETZT KOMMEN SIE MIR NICHT MIT DIESER CYBERDOME-AUSREDE.
BUFFALO IST AUF IHREM MIST GEWACHSEN UND DAS HAT KONSEQUENZEN!
ACH ... NIA. WIR BEKOMMEN DAS SCHON HIN. WIR WERDEN NOAH SIMMONS IN KANADA FINDEN, ICH HAB DAS IM URIN. WO SOLLTE ER SONST HIN WOLLEN? DAS IST ALLES NUR EINE FRAGE DER ...
...DER ZEIT?
COLE. HABEN SIE ES IMMER NOCH NICHT BEGRIFFEN?
...
SIE HATTEN IHRE CHANCE.

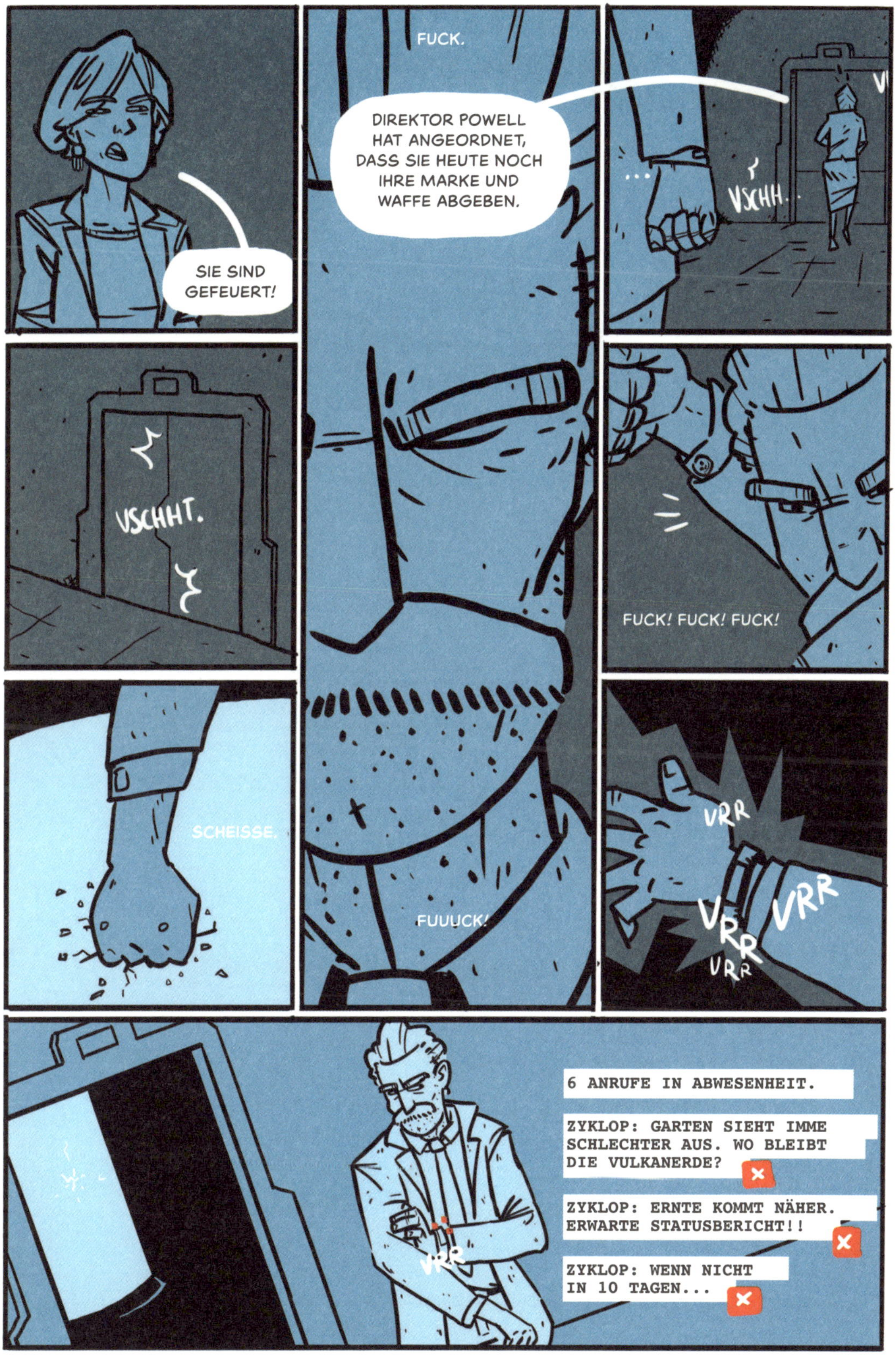
SIE SIND GEFEUERT!
FUCK.
DIREKTOR POWELL HAT ANGEORDNET, DASS SIE HEUTE NOCH IHRE MARKE UND WAFFE ABGEBEN.
...
VSCHH...
VSCHHT.
FUCK! FUCK! FUCK!
SCHEISSE.
FUUUCK!
VRR
VRR
VRR
VRR
6 ANRUFE IN ABWESENHEIT.
ZYKLOP: GARTEN SIEHT IMME SCHLECHTER AUS. WO BLEIBT DIE VULKANERDE?
ZYKLOP: ERNTE KOMMT NÄHER. ERWARTE STATUSBERICHT!!
ZYKLOP: WENN NICHT IN 10 TAGEN...
VRR

FACKELTRÄGER: BIN AN HEISSER SPUR DRAN, IST NUR NOCH NE FRAGE VON…
ABBRECHEN.
FACKELTRÄGER: NUN MACH MAL HALBLANG. ICH RISKIERE HIER MEIN LEBEN UND IHR…
ABBRECHEN.
FACKELTRÄGER: AH VERDAMMT…
ABBRECHEN.
SO EINE VERDAMMTE SCHEISSE…
OH, TUT MIR LEID! SIE SIND DOCH MR. CURTIS SENIOR, RICHTIG?
ICH…?
ALSO WIRKLICH. SO ALT SEHE ICH NUN AUCH WIEDER …
PERFEKT. ICH MUSS NÄMLICH SCHNELL ZU STATION 7. ES MACHT IHNEN DOCH NICHTS AUS, WENN ICH IHNEN DIE SACHEN IHRES SOHNES GEBE?
MHM. DANN WOLLEN WIR MAL SCHAUEN, WAS DU MIR DIE GANZE ZEIT VORENTHALTEN HAST, … PARTNER.

WAS HABEN WIR DENN HIER?
824
DETECTIVE
CURTIS
WDC-404-D
FEDERAL BUREAU OF INVESTIGATION
SUBJECT PROFILE REPORT
ACTIVE INVESTIGATION
DEPARTMENT OF JUSTICE
FEDERAL BUREAU OF INVESTIGATION
NAME: SIMMONS, NOAH
SUBJECT CRS# 42-090988-1947
INDEX DATE 24112042
BLUPRINT
OBJEKT LOKALISIERT
OBJEKT LOKALISIERT
13 DATEIEN
STAMINA MODUS
SUBJEKT GEORTET –
ROUTE WIRD BERECHNET…
SPECIAL AGENT
HAB ICH DICH!

SPÄTER, 1000 MEILEN ÖSTLICH VON YELLOWSTONE
SEHR VIELE PATROUILLEN, WIR MÜSSEN ECHT AUFPASSEN! ABER DA WIRD GERADE EIN ZUG BELADEN, DA KOMMEN WIR REIN.
WIRKLICH MIT ZUG WESTEN? SEHR GEFÄHRLICH...
IE-33, ABFAHRT IN 5 MINUTEN.
PFFSCH...
ZISCHHH...
ICH WEISS, WIR HABEN KEINE WAHL. DIE ZEIT LÄUFT UNS DAVON.
DANN NICHT MEHR REDEN, WIR JETZT GEHEN

HEPP
HOPP
... UND ERNESTO IST DER VATER! BÄM! WER HÄTTE DAS GEDACHT?
NAJA "ASYL UNTER PALMEN" WAR NOCH NIE SO MEINS.
WIESO? WEGEN DEM HEART-LÄNDER?
JA.
DIESE HEARTIES SOLLEN MAL LIEBER ORDENTLICH ARBEITEN, STATT IM TV EINEN AUF OPFER ZU MACHEN.
PSST
MEIN COUSIN ZWEITEN GRADES IST AUCH EINER VON DENEN. AUS KANSAS.
ABER DER HAT MIT SENATOR HILL UND DIESEN KRIMINELLEN NICHTS AM HUT.
KRIMINELLE? DAS SIND TERRORISTEN! DU HAST DOCH GESEHEN, WAS DIE IN BUFFALO ANGERICHTET HABEN. DIESES DRECKSPACK!
SORRY RICK, ICH WOLLTE NICHT, DASS DU DICH AUFREGST.
HEPP
...
...
HIEF
ACH, SCHWAMM DRÜBER. LASS UNS LIEBER GUCKEN, WAS ES NACHHER ZU ESSEN GIBT. LASS MICH RATEN? NUDELN?

WSSSSCH...
WSSSCHHH...
HEY NOAH. BIST DU WACH?
COBALT
MMRF...NEIN. ICH SCHLAFE...
WIE ... WIE WAR DAS, ALSO VOR DER ZONE? BISHOP NIE GESAGT.
RATTER
RUMPEL
RUMPEL
RATTER RATTER
HHMM... ES WAR ALLES ANDERS.
WUPP
WUPP
WUPP
WUPP
WUPP
WUPP

JEDER WAR SEINES GLÜCKES SCHMIED... UND WAR ER NOCH SO SONDERBAR.
SKEETSCHHHH...
Columbus
JETZT WIRD ALLES ZENTRAL GELENKT VON DEN KONZERNEN UND PROFITGEILEN DROHNEN.
EIN KNOPFDRUCK UND GANZE LANDSTRICHE BLUTEN AUS.
BIS NICHTS MEHR ÜBRIG BLEIBT.
ZWWSCHHH...
PATONK
PATONK
PATONK
PATONK
PATONK
RESTRICTED AREA
AUTHORIZED PERSONNEL ONLY
LIVE FIRE RANGE

DNN
LIVE
BRZZLL...
DNN
LIVE
BREAKING
NEWS
LIVE
ZZLLL...
DNN
USA
DC
LIVE
DNN
YELLOWSTONE BRICHT AUS +++ EIL
LIVE

ZPP

KAPITEL FÜNF

VOR 8 JAHREN, EVAK.-DISTRIKT 27, DENVER CO.
WEISST DU: SO EIN LADEN FÜR RICHTIGE NERDS.
HE HE. VORNE COMICS, ROLLENSPIEL-KRAM. IN DER MITTE ...
...DROHNEN UND ZUBEHÖR UND HINTEN RECHTS NE CHILLIGE BUBBLE TEA-BAR.
COOL. DAS WIRD BESTIMMT GUT.
UND BEI EUCH?
ACH, DU KENNST MICH - SOLANGE ICH HIER ZU TUN HABE...
...CARMENS FAMILIE WURDE BALTIMORE ZUGEWIESEN. ABER DANN HÄTTE ICH MEINE 10 DIENSTJAHRE NOCH NICHT VOLL.
ABER WILLST DU NICHT WECHSELN? IRGENDWANN SIND WIR DOCH FERTIG, ICH WEISS NICHT, OB ES DANN NOCH EINE NATIONAL GUARD...
...ALSO BEHALTET DIE SEITENSTRASSEN IM BLICK.
NACH DEM AUFLADEN BEI POSITION D, FAHRT IHR DIE 76. WEITER RUNTER, NACH OSTEN, IN RICHTUNG FLUGHAFEN.
AUCH WENN WENN WIR AUF PLÜNDERER TREFFEN: KEINER VERLÄSST DEN KONVOI, CAPICHE?!
HEY: FELDMAN! SIMMONS! DAS GILT AUCH FÜR SIE BEIDE!
AYE AYE, SARGE!
JAWOLL, STAFF SEARGEANT RODRIGEZ!
OK LEUTE, IHR HABT DEN SARGE GEHÖRT, REIN IN DIE MASCHINEN: GO, GO, GO!

VROOO...
VROOO...
ICH HABE DA EIN GANZ MIESES GEFÜHL, NOAH.
VROOOO...
WIESO LENNY, HAST DU MIT DEINEN DROHNEN VON OBEN ETWAS ENTDECKT?
VROOOO...
NEIN. ABER SARGE KANN ES MAL WIEDER NICHT ABWARTEN.
AUS DEM WEG SIMMONS, WIR MÜSSEN PÜNKTLICH AM FLUGHAFEN...
VROOOO...
VROOOO...
!!!
!
KLICK

BOOMM
SKREEE
SKREEE
DIREKT INS SCHWARZE.
SARGE?!
PAMFF
SEIN WAGEN WAR DIREKT AUSSER GEFECHT...
SCHEISSE, FUCK! FEIND AUF 12 UHR, WIEDERHOLE FEIND AUF 12 UHR!
LENNY ZIEH DEN STECKER, WIR...
...UND WIR IN DER FALLE.

FUCK
SKREETCH
SKEEEETCH...
SEHR GUT GEMACHT...
DAS WAREN KEINE GEWÖHNLICHEN PLÜNDERER...

...HOLT EUCH DEN PROTOTYPEN...
...UND DANACH...
TÖTET SIE ALLE
!!!

DIE LADUNG HAT OBERSTE PRIO. GO, GO, GO!
RATTATAT
TOK
RATTATAT
TAKKA
DER ZWEITE VON LINKS GEHÖRT MIR.
TOK
VIUUU.
RATTATA
TAKKA
TAKKA
TAKKA
TAKKA
RATTATAT
KKA
TAKKA
TAKKA
TAKKA
BOK
RA-SLASCH
SPRATZ
TAKKA
TAKKA
RATTATAT
TAKKA
TAKKA
WIR HATTEN KEINE WAHL.
TAKKA
RATTA
TAKKA
TAKKA
BOK
TAKKA
RATTATAT
TAK
TAK
FSCH
SPLISCH
WIR KONNTEN RODRIGEZ IN UNSER AUTO ZIEHEN UND ENTKOMMEN.
TOK
BOK
VRROOOO...
ZIEH' NACH LINKS NOAH, SIE SCHIESSEN IMMER IMMER NOCH AUF UNS!
KKA
RATTATAT
TAKKA

SARGE, WAS ZUM TEUFEL?
ES LIEF DOCH WIE AM SCHNÜRCHEN.
SIE WERDEN IHR SCHEISS BEIN VERLIEREN.
...DASS IST NUR EINE FLEISCHWUNDE.
AN DEM TAG VERLOR SERGEANT RODRIGEZ SEIN BEIN.
RS
ABER ES WAR IHM EGAL...
DU WEISST DOCH WIE DAS IST, LENNY.
RESTRICTED SECURITY AREA
AUTHORIZED PERSONNEL ONLY
...ES GIBT VIELE SUBUNTERNEHMEN, DIE...
...SUBUNTERNEHMEN?
NOAH, DER SARGE HAT UNS ANGELOGEN! WIR HABEN KEINE MEDIKAMENTE, WIR HABEN DIE GANZE ZEIT WAFFEN TRANSPORTIERT!
LOS, UM 15 HUNDERT MUSS DIE LADUNG VERSTAUT SEIN!
HEY STAFF SERGEANT
WARTE LENNY...

PAFF
EINE BEWEGUNG SOLDAT UND ICH VERPASS DIR EIN DRITTES NASEN-LOCH!
KA-CHICK
BEEINDRUCKEND!
DU VERDAMMTER HURENSOHN, HAST UNS AN DIESE KONZERN-SÖLDNER VERKAUFT!
ABER WIR HABEN EINEN EID AUF UNSER LAND UND DIE GUARD GESCHWOREN!
DAS HABE ICH. UND IHR HÄTTET DASSELBE GETAN!
HA. GANZ RICHTIG. UND WER HÄLT UNS DIE TREUE?
SOBALD DIE LETZTE STADT EVAKUIERT IST, WERDEN SIE DIE GUARD BEERDIGEN.
ZACK. UND DANN INTERESSIERT ES EH KEINE SAU MEHR, WER HIER DEN MÜLL RAUS-GEBRACHT HAT.
KOMM LENNY, WIR GEHEN

EIN GUT GEMEINTER RAT: WENN DU IM NEUEN OSTEN ÜBERLEBEN WILLST, VERGISS WAS WAR.
... UND IHR -- VERLADET WEITER DIE LADUNG. WIR HABEN EINEN LIEFERTERMIN EINZUHALTEN!
VORBEI!
DIE GUARD, DIE FAMILIE. DAS LAND.
NACH DENVER WAR NICHTS MEHR WIE VORHER.
ALLE HATTEN SICH VERÄNDERT.
AUCH ICH...
...UND ICH WILL NOCH EIN BIER!

SKKEEETSC
BANG!
BANG!
BANG!
MISTER SIMMONS!

KAPITEL SECHS

NOAH, NOAH, WACHEN AUF!
MHH ... WAS IST?
ZUG STILL! WIR NICHT MEHR BEWEGEN.
AH SCHEISSE, VERSTECK DIE DISK, BEVOR...
ALLES GESICHERT... TRETEN NUN EIN!

200 MEILEN SÜDLICH VON YELLOWSTONE
ENDLICH...
WAS ZUM TEUFEL!?
MR. SIMMONS. ENDLICH TREFFEN WIR UNS WIEDER!

GUTE ARBEIT LUITENNENT. ICH ÜBERNEHME AB HIER.
ÄH, SIND SIE SICHER? SOLL ICH IHNEN NICHT DOCH EINE ESKORTE MITGEBEN, SIR?
NICHT NÖTIG. ICH KOMME KLAR.
WIR MÜSSTEN DANN ABER NOCH DIE ÜBERFÜHRUNGSVOLLMACHT...
ICH SCHICKE IHNEN DEN PAPIERKRAM ZU, SOBALD WIR ANGEKOMMEN SIND, OKAY?!
ABER SIR...
WUPP
WUSCH
??
WRUUM!

EIN MEILE SPÄTER
OKAY. UNS SCHEINT NIEMAND ZU FOLGEN.
MIT DEINER AKTION IN BUFFALO HAST DU MIR EINEN GANZ SCHÖNEN STRICH DURCH DIE RECHNUNG GEMACHT, NOAH.
HABT IHR EIGENTLICH EINE AHNUNG, WESEWEGEN IHR GEJAGT WERDET? WAS AUF DER DISK DRAUF IST?
OH, SORRY. DAS HABEN WIR GLEICH.
DRÜCK!
BESSER?
NOAH, WIR WOLLEN BEIDE DAS GLEICHE.
PAH. DASS ICH NICHT LACHE, ICH WÄRE IN BUFFALO BEINAHE DRAUF GEGANGEN!
KLICK
KLACK
NIEMAND UNS MITNEHMEN!
HIIIYAHHHHH...
HEY WAS ZUM...
WUSCH!!!

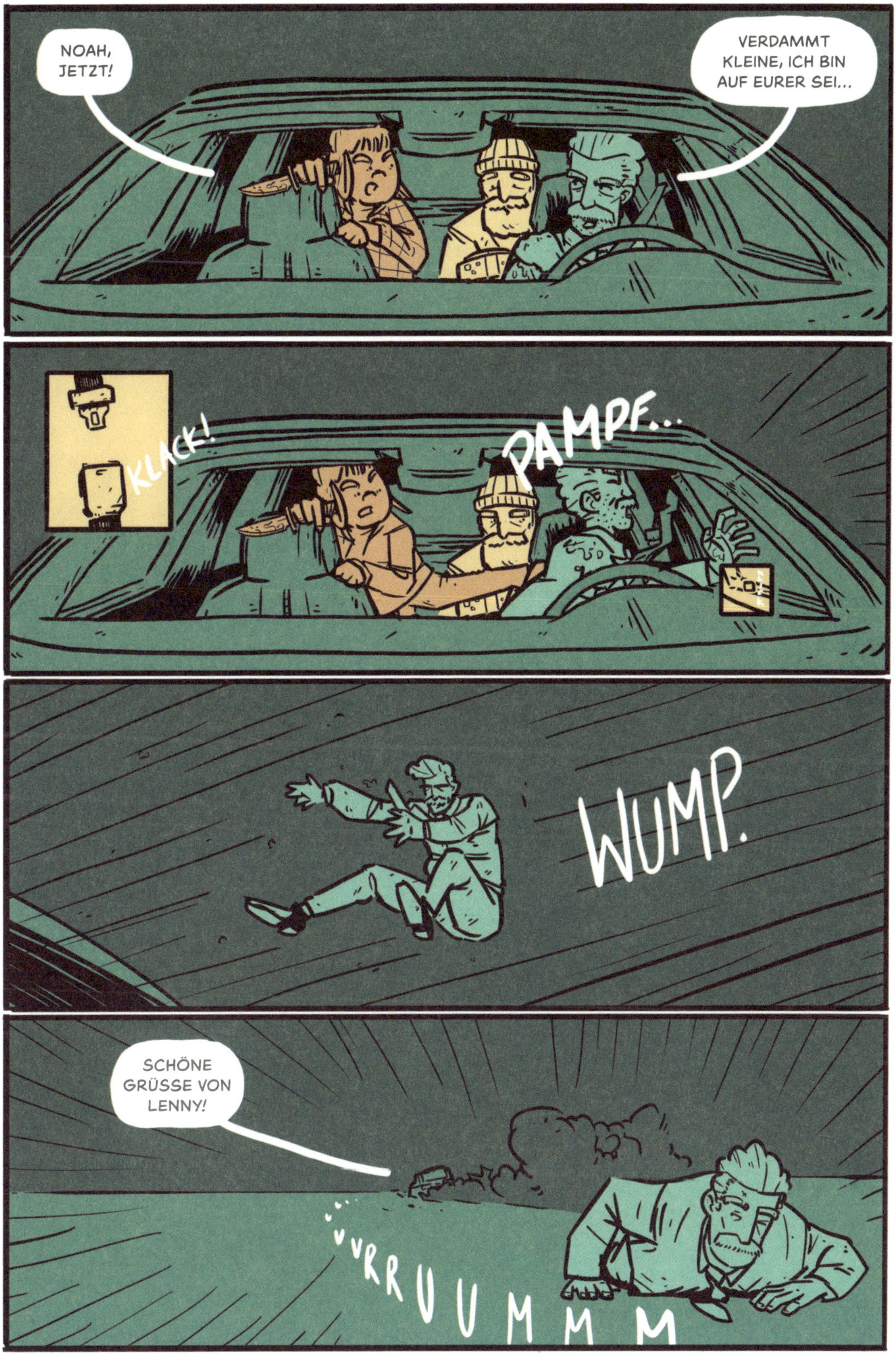
NOAH, JETZT!
VERDAMMT KLEINE, ICH BIN AUF EURER SEI…
KLACK!
PAMPF…
WUMP.
SCHÖNE GRÜSSE VON LENNY!
VRRUUMMM

WAS EIN PENNER.
ÄH...MANGO BIST DU SICHER, DASS ICH NICHT LIEBER...
NEIN. M FAHREN! M WEISS WIE AUTO GEHT. DANKE.
ABER BITTE PASS AUF DIE STRASSE AUF. ICH HABE KEINE LUST MIR DEN GRAND CANYON VON UNTEN...
NOAH LABERN DUMMES ZEUG. M FAHREN SEHR, SEHR GUT.
...
NOAH?!
OH MEIN GOTT!
DIESER BULLE HAT AUFZEICHNUNGEN ÜBER DEN UNTERGANG VON SALT LAKE CITY! M...
CODENAME: SNOWWHITE
ES IST NOCH SCHLIMMER, ALS BISHOP VERMUTET HAT.

DIE YELLOWSTONE-KONZERNE HABEN DEN AUSBRUCH VON SALT LAKE CITY NICHT VORHERGESEHEN,...
... SIE HABEN DEN AUSBRUCH VERURSACHT, MIT GEO-BOMBEN!
VRRRR
ABER WARUM?

WIR UMDREHEN, NOAH?
NEIN. WIR MÜSSEN HERAUSFINDEN, WAS DAMALS VOR SICH GEGANGEN IST.

WIR MÜSSEN ZU DEM LABORKOMPLEX, VON DEM BISHOP SPRACH.
YELLOWSTONE NATIONAL PARK
VIELLEICHT KANN ICH DORT DIE DISK AUSLESEN UND BEWEISE SAMMELN.

MANGO KOMMEN MIT!
NEIN M, DIESMAL NICHT.
SCHAU MAL: WENN SIE UNS BEIDE SCHNAPPEN, IST ALLES VERLOREN. DANN WEISS NIEMAND, WAS SIE GEMACHT HABEN.
ES SIEHT ZWAR VERLASSEN AUS, ABER ICH TRAU DEM GANZEN NICHT.

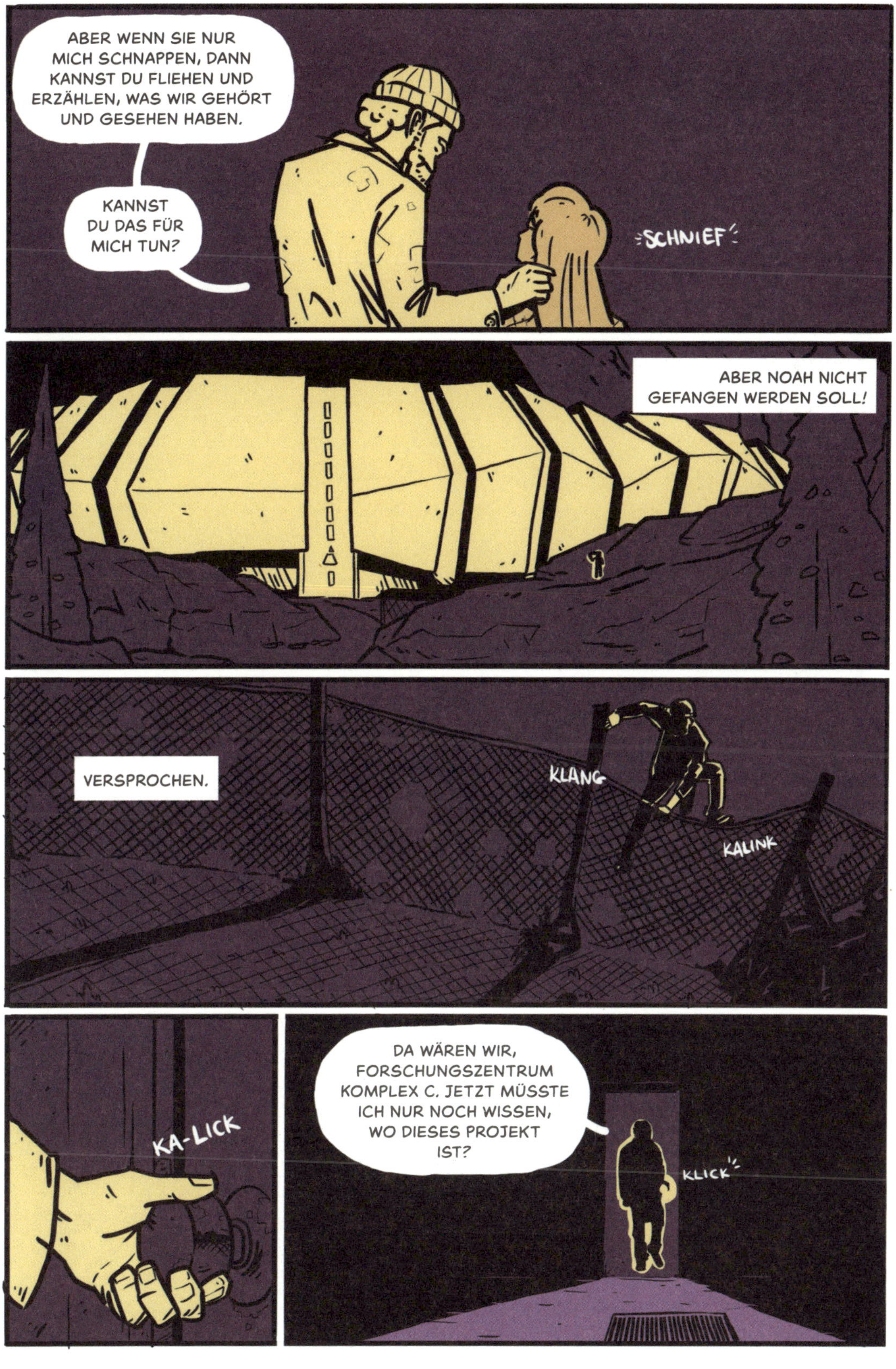
ABER WENN SIE NUR MICH SCHNAPPEN, DANN KANNST DU FLIEHEN UND ERZÄHLEN, WAS WIR GEHÖRT UND GESEHEN HABEN.
KANNST DU DAS FÜR MICH TUN?
SCHNIEF
ABER NOAH NICHT GEFANGEN WERDEN SOLL!
VERSPROCHEN.
KLANG
KALINK
KA-LICK
DA WÄREN WIR, FORSCHUNGSZENTRUM KOMPLEX C. JETZT MÜSSTE ICH NUR NOCH WISSEN, WO DIESES PROJEKT IST?
KLICK

NA, DANN WOLLEN WIR MAL.
BZZ...
TAPP
TAPP
KLING
RASCHEL
RASCHEL

RASCHEL
TICK
FIEPS

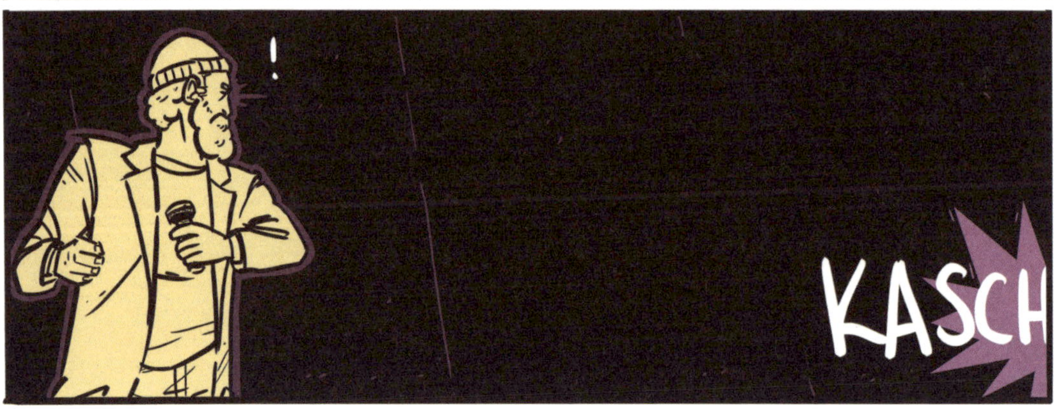
!
KASCH

RUMPEL
RASCHEL
KNISTER

KAPITEL SIEBEN

D... DU LEBST?
ICH DACHTE DU WÄRST TOT!
ICH WEISS. KRASS ODER? DIE KUGEL HAT MEINE ARTERIE NUR KNAPP VERFEHLT.
JA, JA SIE LEBT ...
HNN...
HNN...
WENN DU ZUHÖREN WÜRDEST, ANSTATT LEUTE, DIE AUF DEINER SEITE SIND, AUS FAHRENDEN JEEPS ZU STOSSEN UND...
PAMF
COLE. ES REICHT!
NOAH. ALLES GUT. ICH BIN AUS FREIEN STÜCKEN HIER.
GRUMMEL
WIR HABEN DICH ÜBER EINE DER WILDTIER-DROHNEN GEFUNDEN.
HECH
HECH HECH
UND AUCH WENN MAN ES IHM NICHT ZUTRAUT, ABER OHNE COLE HIER HÄTTE ICH ES NIE BIS HIERHER GESCHAFFT!
FAHRZEUG: BJ.20.0419R
44.427963
-110.588455
WIR BRAUCHEN IHN UND ER UNS.

UND ICH DACHTE DU WÄRST...
TOT? NEIN! COLE HAT MICH GERETTET.
ER HAT MIR AUCH VON PROJEKT SNOWWHITE ERZÄHLT. WIR WOLLEN WIE DU DIE DISK ENT-SCHLÜSSELN UND DAMIT AUFDECKEN, WAS BEIM AUSBRUCH VON SALT LAKE CITY WIRKLICH PASSIERT IST!
!
BARF BARF!!
STIMMT'S, COLE?
MHM.
DU HAST DIE DISK DOCH BEI DIR?
JA SCHON, ABER WIR HABEN EIN ANDERES PROBLEM.
KLICK
HIER MUSS DOCH IRGENDWIE...
DIE MÜSSEN DAS LABOR SCHON VOR JAHREN GERÄUMT HABEN! HIER IST NICHTS, MIT DEM MAN SIE ENT-SCHLÜSSELN KÖNNTE: KEINE TECHNIK, KEINE CODES.
SCHEISSE, VERDAMMT. WAS NUN?

TJA, DANN MÜSSEN WIR WOHL WIEDER ZURÜCK NACH D.C. ODER BUFFALO.
DAS IST DOCH TOTAL BESCHEUERT, LENNY?!
ABER DORT KÖNNTEN WIR DIE DATEN AUSLESEN UND SOFORT ONLINE STELLEN.
WENN WIR JETZT ZURÜCKGEHEN, DANN IST DAS SELBSTMORD. WIR WERDEN LANDESWEIT GESUCHT!
HAST DU EINEN BESSEREN VORSCHLAG? WIR MÜSSEN ZURÜCK. DANK DES VERDAMMTEN CYBERDOMES HABEN WIR HIER KEIN NETZ. WIR SIND HIER VON DER WELT ABGESCHNITTEN, VERDAMMT!
AHA!
DAS WÜRDE ICH SO NICHT SAGEN
GRABSCH
BINGO!

WENIG SPÄTER

ABER DU HAST DOCH IN D.C. NOCH MIT IHNEN ZUSAMMEN GEARBEITET?
PSST.
WIR SIND DA. SEHT IHR DAS TOR DORT DRÜBEN?
HECH HECH
DAHINTER BEFINDET SICH DER KONTROLLRAUM DES ALTEN FUNKTURMS.
ABER DER CYBERDOME.
... WÜRDE JEDEN NORMALEN FUNK-VERKEHR BLOCKIEREN, ICH WEISS. ABER DER TURM IST DIREKT MIT EINEM VERTEIDIGUNGSSATELLITEN VERBUNDEN.
DANN HOFFEN WIR MAL, DASS DIESES ALTE BABY NOCH IM ORBIT IST
WENN DAS STIMMT, KÖNNEN WIR--
NNH... NNH...
HECH!
OK, ICH SCHLIESSE DIE TÜR KURZ UND IHR STÜRMT REIN . NICHT DASS UNS EINE ÜBERRASCHUNG BEVOR STEHT.
BEREIT?
BEREIT!
FSCHHH
BRZ...
WIE IN ALTEN ZEITEN, NOAH?
KRZZ.
FSCHH
WIE IN ALTEN ZEITEN.

ACH, IST DAS NICHT SCHÖN? DIE GANZE FAMILIE WIEDER VEREINT.
UND ICH HATTE SCHON ANGEFANGEN ZU ZWEIFELN, OB IHR ES NOCH SCHAFFEN WÜRDET.
SO HABT IHR MICH DOCH NICHT ENTTÄUSCHT.
OH FUCK. IST DAS DEINE CHEFIN, COLE?
NIA.
KEINE SORGE NOAH, DIE BLUFFT NUR. WIR SIND IN DER ÜBERZAHL!
WUPP
ACH COLE, IMMER NOCH DER ALTE. GLAUBST DU, ICH KOMME UNVORBEREITET?

WHOW...
DENK NICHT MAL DRAN, PARTNER.
HEY, HEY, HEY...
WUSCH
WRRR...
BEEP
ICH GLAUBE, WAS SIE, NOAH, NICHT GANZ VERSTEHEN: IM GRUNDE BIN ICH IHNEN ZU DANK VERPFLICHTET.
WENN SIE DIE DISK NICHT GENOMMEN HÄTTEN, HÄTTE UNSER WHISTLEBLOWER COLE HIER SIE SCHON IN D.C. AN DIE TERRORISTEN VERKAUFT.
ABER SELBST DAS HAST DU NICHT HINBEKOMMEN. STIMMT'S JAMES?
FICK DICH NIA!
ZACK

M'AM.
AHH, UNSERE KLEINE BÜCHSE DER PANDORA!
WIE LEICHT SIE DOCH IST.
KNACK
KRACK
SCHAFF' UNSERE GÄSTE WEG, UND ENTSORG DAS HIER.
HEPP
AYE...
FREUEN SIE SICH NICHT ZU FRÜH, BRIGGS!
DIE WAHRHEIT WIRD ANS LICHT KOMMEN. DIE LEUTE WERDEN ERFAHREN, DASS SALT LAKE CITY KEINE LAUNE DER NATUR WAR, SONDERN, DASS SIE DIE STADT MIT GEO-BOMBEN ZERSTÖRT HABEN!
WAHRHEIT...
WELCHE WAHRHEIT?

DIE WAHRHEIT DER TERRORISTEN, DIE WAHRHEIT AUF DIESER DISK ODER DIE WAHRHEIT, DIE DIESES LAND WIRKLICH BRAUCHT?
IHR GLAUBT, DASS ALLES GUT WIRD, WENN DIE MENSCHEN ERFAHREN, WAS AUF DIESER DISK IST.
DASS INFORMATIONEN ABER NICHT NUR HEILEN, SONDERN AUCH VERGIFTEN KÖNNEN, IST EUCH NICHT IN DEN SINN GEKOMMEN?
MEIN GROSSVATER, EIN SCHAMANE AUS DEM STAMME DER CHEYENNE, PFLEGTE IMMER ZU SAGEN:
„DER MUTIGE KRIEGER SAGT, WAS ER SIEHT, WIRD VOM STAMM VEREHRT UND STIRBT ALS JUNGER HELD."
„DER WEISE MANN ABER KENNT EINE TIEFERE WAHRHEIT. ER BLEIBT IM SCHATTEN UND LEITET SEINEN STAMM, BIS SEIN HAAR WEISS UND SEINE KINDER ZAHLREICH SIND."
...

DAS FORSCHUNGSPROJEKT "SNOWWHITE" WURDE VON DER REGIERUNG INS LEBEN GERUFEN, UM UNSER LAND VOR EINEM WEITEREN AUSBRUCH VON YELLOWSTONE ZU BEWAHREN.
WIE BEI EINEM ADERLASS SOLLTE DER GEFÄHRLICHE DRUCK IN DEN MAGMAKAMMERN VERRINGERT WERDEN, INDEM EIN TEIL DER LAVA ENTWEICHT.
DAFÜR WURDEN DIE GEO-BOMBENENT-WICKELT. FÜR KLEINE ERUPTIONEN - UNTERIRDISCH UND KONTROLLIERT.
HÄTTE MIR DAMALS JEMAND GESAGT, DASS WIR DIE ERSTE BOMBE UNTER-SALT LAKE CITY ZÜNDEN WÜRDEN, ...
...ICH HÄTTE IHN FÜR VERRÜCKT ERKLÄRT.
WAS DIE MENSCHEN BRAUCHTEN, WAR RUHE UND STABILITÄT. GEWISSHEIT.
ABER WIR HATTEN KEINE WAHL.

DIE EVAKUIERUNGEN HATTEN UNSEREM LAND SCHON SO VIEL ABVERLANGT, SO VIELE MENSCHEN ENTWURZELT, SO TIEFE WUNDEN GERISSEN.
UND DANN KAM DIESER WISSENSCHAFTLER UND DROHTE ALLES KAPUTT ZU MACHEN.
NATIONAL PARK SERVICE
ER FAND HERAUS, DASS VON YELLOWSTONE DOCH KEINE GEFAHR MEHR AUSGING. DER SUPERVULKAN WAR TATSÄCHLICH WIEDER EINGESCHLAFEN.
ERST WAREN WIR ÜBERGLÜCKLICH. DOCH DANN DÄMMERTE ES UNS: DIE DROHKULISSE EINES WEITEREN AUSBRUCHS WAR DAS FUNDAMENT UNSERES NEUEN FRIEDENS. OHNE SIE WÜRDE DIE ZONE AUFGELÖST, ALLES WÜRDE ZERFALLEN.
SLC ARAGE Inc.
WIR MUSSTEN ETWAS TUN.

AUS "SNOWWHITE" WURDE "SNOWDARK". WIR HABEN EINEN VULKAN IN DER NÄHE VON SALT LAKE CITY MIT UNSEREN GEO-BOMBEN GEWECKT UND DIE STADT SO DEM FEUER PREIS GEGEBEN. ES SAH SO AUS, ALS OB DIE VULKANE DER ZONE IMMER NOCH FEUER SPUCKTEN.
...
DANACH ZWEIFELTE NIEMAND MEHR AN DER GEFAHR EINES WEITEREN AUSBRUCHS.
UND WARUM ERZÄHLST DU UNS DAS ALLES? WARUM JETZT?
!
DAMIT IHR ERKENNT, DASS WIR NICHT DIE BÖSEN IN DIESEM SPIEL SIND.
BOSS!
?

PAH.
JETZT MACHEN SIE MAL NICHT AUF MÄRTYRER.
WIR MÖGEN KEINE SAMARITER SEIN. ABER WEISST DU, WAS ES WIRT-SCHAFTLICH BEDEUTET, WENN EIN HALBES LAND EVAKUIERT WIRD?
SIE UND IHRE KONZERN-BUDDIES SIND NUR DARAN INTERESSIERT, DIE ZONE AUSZUQUETSCHEN UND DEN PROFIT IN EURE TASCHEN ZU STECKEN.
!!!
BZZ
DER WOHLSTAND, DEN WIR IN DER ZONE SCHAFFEN, STABILISIERT DIE GANZE NATION! GERADE VOR DEN WAHLEN IST ES WICHTIG ...
BOSS!!!
ZOOM
BZZ
WAS ZUM TEUFEL IST DENN NUN SCHON WIEDER, CURTIS?

DU BIST LIVE IM FERNSEHEN!
WIR MÖGEN KEINE SAMARITER SEIN, ABER WEISST DU, WAS ES WIRTSCHAFTLICH BEDEUTET, WENN EIN HALBES LAND EVAKUIERT WIRD?
WAS ZUM TEUFEL IST DENN NUN SCHON WIEDER, CURTIS?
DER WOHLSTAND, DEN WIR IN DER ZONE SCHAFFEN, STABILISIERT DIE GANZE NATION
WAS ZUM TEUFEL IST DENN NUN SCHON WIEDER, CURTIS?
...
...
...

WAS HABT IHR GETAN?
ABSTELLEN, DEN KÖTER, SOFORT ABSTELLEN HABE ICH GESAGT! SCHEISS NERD!
BEREIT?
ICH WURDE BEREIT GEBOREN, JUNGE.
BZZT
BZZZ..
ZOOM
KRZZ..
WUUULSCH
HEY CURTIS!
PAT
BONG

DAS IST FÜR BUFFALO...
KLONK
DAS GANZE ENDET HIER...
GANZ BESTIMMT NICHT!
DAFÜR WERDET IHR...

PATHOMB!
TUT MIR LEID, NIA!

ES IST AUS.
SIE WERDEN NIE WIEDER ETWAS ÜBER DIE KÖPFE DER MENSCHEN HINWEG BESTIMMEN.
WIR WISSEN NICHT, WIE DIE MENSCHEN ENTSCHEIDEN WERDEN.
ABER WAS AUCH IMMER DAS ERGEBNIS SEIN WIRD: ES IST IHRE WAHL UND NICHT EURE.

!
HUST
WNH...
...

EPILOG

HILL STEHT FÜR
HEIMAT!
KEINE ZUKUNFT
PENNER

10 JAHRE SPÄTER.
VVVRooooooo
WISDOM, MONTANA.
230 MEILEN NORDWESTLICH
VON YELLOWSTONE ENTFERNT.
VRRRooo
SKEETSCH!
NA SCHAU MAL AN, WER DA KOMMT?!

WENN DAS MAL NICHT DER NEUE SHERIFF IST?!
ACH, DIE PRÜFUNG WAR EIN KLACKS!
ICH WAR GERADE AN COLES GRAB. ER WÄRE HEUTE 62 JAHRE ALT GEWORDEN. UNGLAUBLICH, WIE DIE ZEIT VERGEHT...
911
4242
ICH WEISS, ICH WEISS. ICH VERMISSE IHN AUCH SEHR.
HEY LENNY ZURÜCKKOMMEN! MANN IM RADIO SPRICHT VON ÜBERFALL AM BLACK BOAR DINER.
LOS, LOS, WIR KEINE ZEIT!

NA DANN LOS, NOAH!
SORRY, SHERIFF SIMMONS!
VRRRROOO...
DIE ARBEIT WARTET.

NOAH SIMMONS

EX-NATIONAL GUARD.
UNEHRENHAFT ENTLASSEN.
ARBEITSLOS.

„LASST MICH IN RUHE!"

LENNY FELDMAN

EX-NATIONAL GUARD.
HACKERIN.
BESTE FREUNDIN.

„ICH MEIN'JA NUR: CUI BONO?"

RUFUS

SPÜRNASE.
KABELFRESSER.

„WUFF!"

AGENT COLE

FBI.
ALTER HAUDEGEN.
KURZ VOR PENSION.

„MACH DIR MAL NICHT INS HEMD."

AGENT CURITS

YTAF.
WAFFENSPEZIALIST.
KARRIERIST.

„EIN WORT, SIR, UND ICH DRÜCKE AB."

DIREKTORIN BRIGGS

YTAF.
GUT VERNETZT.
BERECHNEND.

„WIR KÖNNEN UNS KEINE FEHLER LEISTEN!"

GEYSIRE, FUMAROLEN UND HEISSE QUELLEN:

PHILIPP SPRECKELS

THE MAKING OF YELLOWSTONE

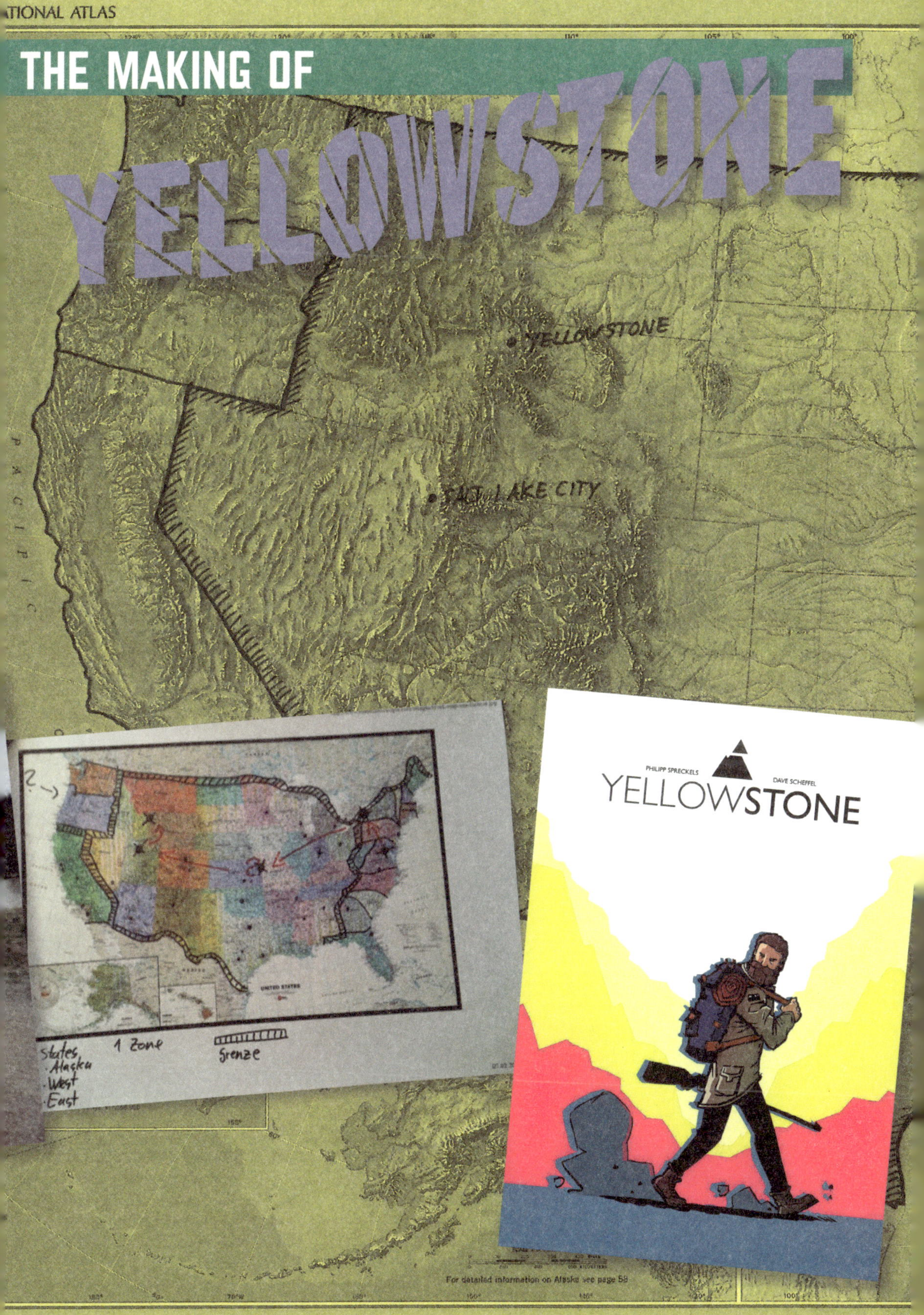

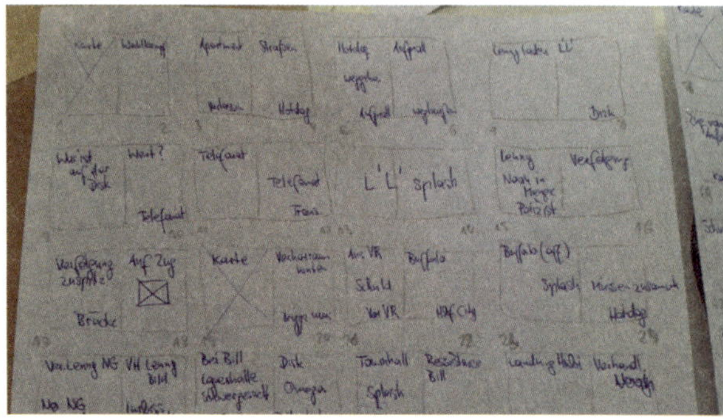

STORYTELLING

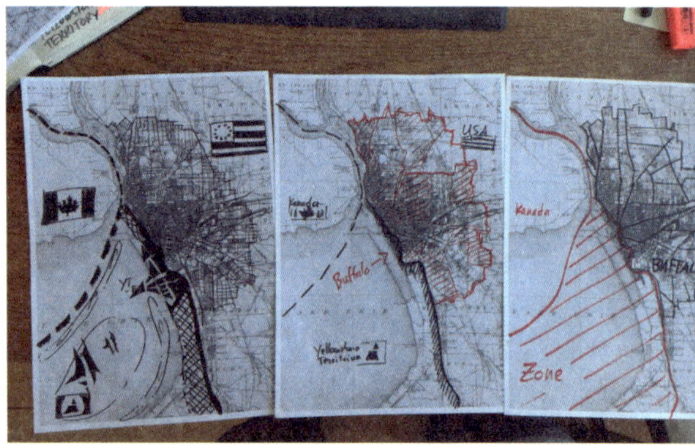

CHARACTER DESIGNS

BREAKDOWNS

vielleicht eine Seite zu viel blabla?!
GESPRÄCHE
TOWER
Eventuell wieder zu viel??
Talking Heads!!
SAME HERE...
Es muss schneller gehen

ELIAS!
WIE ICH SEHE HAST DU DEKORIERT! ES IST JA SCHON RICHTIG WOHNLICH HIER!
WITZIG. ICH HOFFE, DIESE RATTE HAT DABEI, WAS ER UNS IN D.C. GESTOHLEN HAT!
GESTOHLEN? PAH! HÄTTE ICH DIESE DISK NICHT GEFUNDEN, WÄRE ICH NICHT IN DIESEM VERKACKTEN DRECKSLOCH.
MEINE HERREN!!! LASST UNS NICHT STREITEN, SONDERN LIEBER PLÄNE FÜR DIE ZUKUNFT MACHEN
PFF...
NA DANN KOMMEN WIR MAL ZUM GESCHÄFFT
WUPP
...WAS IST DENN SCHON WIEDER?

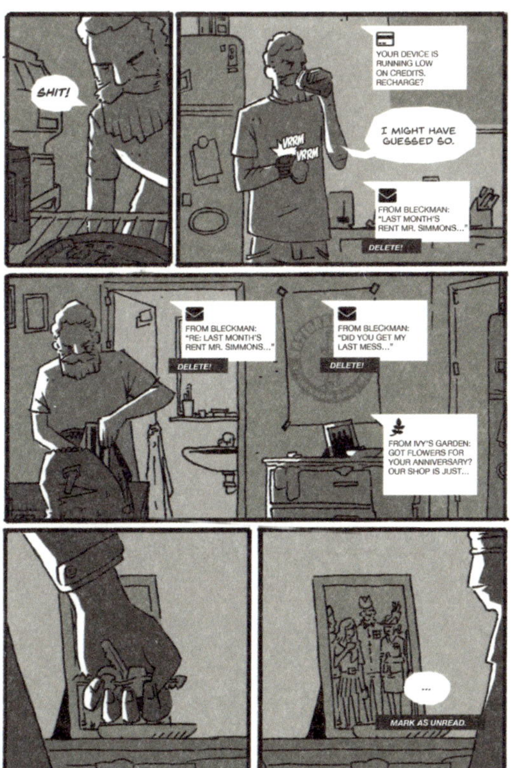
SHIT!
YOUR DEVICE IS RUNNING LOW ON CREDITS. RECHARGE?
I MIGHT HAVE GUESSED SO.
VRRM VRRM
FROM BLECKMAN: "LAST MONTH'S RENT MR. SIMMONS..."
DELETE!
FROM BLECKMAN: "RE: LAST MONTH'S RENT MR. SIMMONS..."
DELETE!
FROM BLECKMAN: "DID YOU GET MY LAST MESS..."
DELETE!
FROM IVY'S GARDEN: GOT FLOWERS FOR YOUR ANNIVERSARY? OUR SHOP IS JUST...
...
MARK AS UNREAD.

THIS IS OUR NEIGHBORHOOD!!
NO MEANS NO!
WHERE IS MY VOTE?
YOU HAVE TO BE KIDDING ME?
:SIGH:
SORRY, COMING THROUGH...
THIS IS OUR NEIGHBORHOOD!
VOTE
...
VOTE
...AND TWO DOGTAILS PLEASE.
RE-LOCATION: NEVER AGAIN!
HEY BRO.
...YOU ONE OF SENATOR HILL'S SISSIES OR DO YOU WANT REAL CHANGE?
ACTUALLY I...
DON'T TELL ME YOU BELIEVE THIS "FIRST ELECTION SINCE YELLOWSTONE" - BULLSHIT?!
VOTE
NOT REALLY. BUT YOU KNOW WHAT?

DANKE

Dave und Philipp danken: Christopher Tauber und Thomas Wellmann. Ohne euch würden wir YELLOWSTONE nun nicht in den Händen halten.

Dave dankt seiner Frau Solly für all das Verständis, das Stundenlange ausharren, das mir-unter-die-Arme-greifen, mich motivieren, mich stützen. Meiner Mutter und meinen Schwiegereltern, dafür dass sie Fans der ersten Stunde sind. Natürlich sind nicht zu vergessen: Sabrina, James, Ari & David, Til, Timo, Ester und Philipp R. die immer an mich geglaubt haben. Und jeden den ich bestimmt vergessen habe.

Und natürlich Ben Ian, meinen Sohn: „Sei was immer du sein magst!"

Philipp dankt: Meinen Eltern – weil ihr mich bei meinen Expeditionen ins Unbekannte immer bestärkt habt – egal ob real oder imaginär. Aljoscha Jelinek, Irmela Birck-Spreckels und Thies Albers – für euren erzählerischen Rat und Gespür. Amelie Frei und Constanze Kiwitt - weil ihr für mich da wart, wenn ich Unterstützung brauchte. Und all meinen Freunden in Münster, Buffalo, Detmold, Prag und Hamburg. Und Irmgard für Alles.
Ich hoffe Du kannst dieses Buch noch in Deinen Händen halten.

DIE MACHER

Philipp (Text & Story)
Philipp Spreckels ist studierter Historiker, digitaler Produktmanager und passionierter Geschichtenerzähler. Er hat für Radio, Fantasy- und Computerspiele geschrieben und sich in Essays und Interviews mit dem Medium Comic auseinandergesetzt. Philipp kommt aus Zeven (Niedersachsen) und hat in Münster (NRW) studiert, wo er auch Dave kennen gelernt hat.
Als Teenager war Philipp er ein Jahr lang in den USA und sah die vulkanische Kraft von YELLOWSTONE mit eigenen Augen.
Philipp lebt und schreibt in seiner Wahlheimat Hamburg.

Dave (Artwork & Layout)
David Sidney Tula Scheffel-Runte, oder „Herr Scheffel" (wie sein Künstlername lautet), ist in Dortmund geboren und gelernter Illustrator und Character-Designer mit Abschluss an der MSD in Münster. Neben Arbeiten für Radio Nukular, Nike und diversen Social-Design-Projekten arbeitet er zusammen mit Philipp seit 2016 am Comic YELLOWSTONE. Als Kind haben ihm Comics in verschiedenste Welten eintauchen lassen. Seiner Passion Comic hat er trotz vieler anderer Tätigkeiten niemals absagen können. Dave zeichnet, schreibt und lebt mit seiner Familie in Hamburg.

Mehr über die Entstehung von YELLOWSTONE erfahrt ihr unter
www.yellowstone-comic.com

Kartenmaterial mit freundlicher Genehmigung: Perry-Castañeda Library Map Collection der University of Texas Libraries: The National Atlas of the United States of America 1970, S. 56-58, 74-75, 154-155. New York Topographic Maps, U.S. Geological Survey, Buffalo 1900. United States Topographic Maps 1:250,000, Denver 1978, verso, Satellite Image Map. Maps of United States National Parks and Monuments, Yellowstone National Park, Wyoming - Montana - Idaho, Park Map. http://legacy.lib.utexas.edu/maps/ Earth Science and Remote Sensing Unit, NASA Johnson Space Center: ISS016-E-26150 https://eol.jsc.nasa.gov/SearchPhotos/photo.pl?mission=ISS016&roll=E&frame=26150

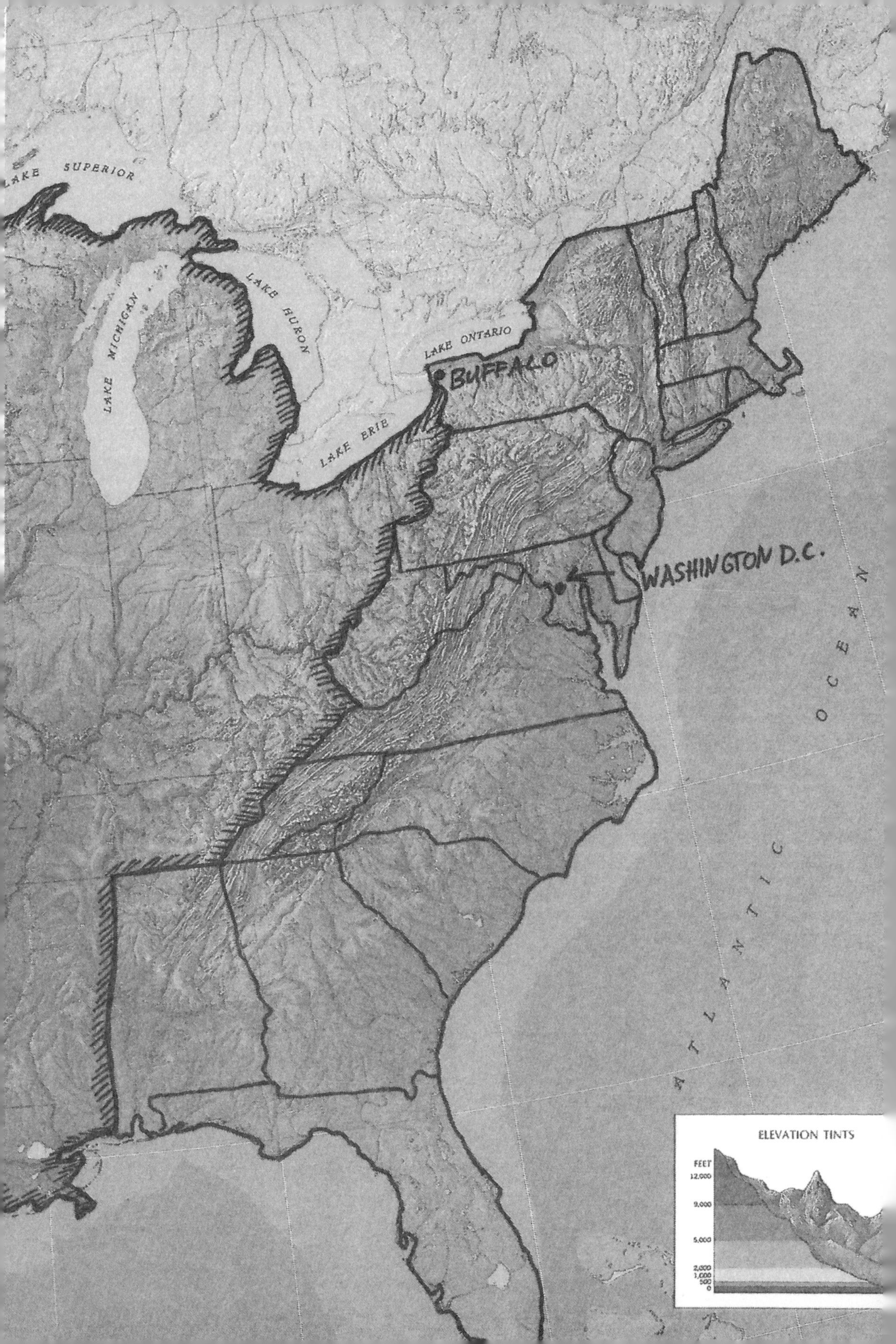
LAKE SUPERIOR
LAKE MICHIGAN
LAKE HURON
LAKE ONTARIO
LAKE ERIE
BUFFALO
WASHINGTON D.C.
ATLANTIC OCEAN
ELEVATION TINTS
FEET
12,000
9,000
5,000
2,000
1,000
500
0

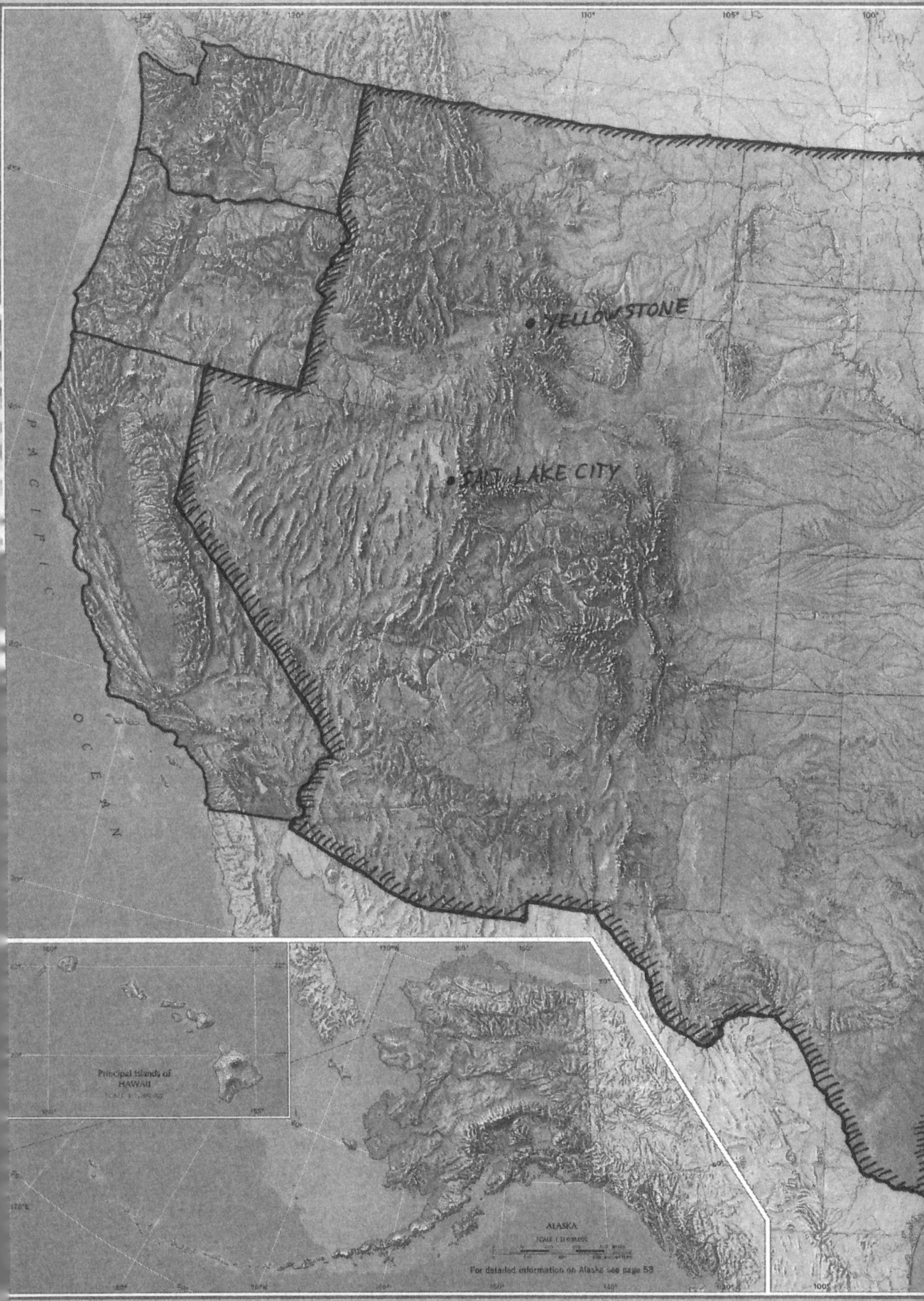
YELLOWSTONE
SALT LAKE CITY
PACIFIC
OCEAN
Principal islands of HAWAII
ALASKA
For detailed information on Alaska see page 53